교회와 하나님의 사랑

De Ecclesia et Amore Dei

교회와 하나님의 사랑

인간의 행복은
하나님을 알고
사랑하는 데 있습니다.

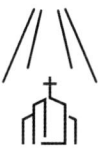

김남준

저자서문

나를 살린 지식

이 책은 전적으로 하나님의 은혜로 쓴 책입니다. 깨닫지 못하기가 짐승 같았던(시 73:22) 저를 깨우친 하나님의 말씀으로 이 책의 초고가 작성되었기 때문입니다.

저는 이 책을 한 기도원에서 썼습니다. 2005년 정월, 아주 추운 겨울이었습니다. 그때 하나님은 저를 깨우쳐 교회에 대한 새로운 지식을 경험하게 하셨습니다. 그 모든 과정을 통하여 저는, 목회자이기 이전에 교회의 한 지체로서 교회를 향한 하나님의 깊은 사랑을 깨닫게 되었습니다. 주께서 깨닫게 하신 교회에 대한 가르침은 많은 기도를 요구했습니다. 그래서 저는 짊어지고 온 많은 기도제목들을 한구석에 놓아두었습니다. 그리고 그리스도의 교회를 위해 기도할 수밖에 없습니다.

이 책은 단지 서재에서 발견한 지식으로 쓴 것이 아닙니다. 오히려 전쟁터와 같은 목회의 현장에서, 하나님이 주시는 말씀의 은혜로 쓰였습니다. 삶의 현실은 우리에게 아픔을 주지만, 그때마다 하나님의 말씀은 위로를 줍니다. 늘 하나님의 말씀을 붙들고 말씀 안에서 살아야 할 이유가 여기에 있습니다.

하나님은 교회를 깊이 사랑하십니다. 그렇지만 교회는 신자들에게도 사랑을 받아야 합니다. 모든 신자가 교회를 향한 하나님의 가슴 저미는 사랑을 알고, 진심으로 교회를 사랑할 수 있게 되기를 바랍니다.

2019년 3월 26일
그리스도의 노예 김남준 목사

Contents

저자서문 · 4
책을 열며 · 12

제1장 사랑, 삼위의 교통
amor, societas Trinitatis

Chapter 1 삼위 안에 있는 사랑

사랑의 근거 : 삼위의 아름다움 · 22
개별적 위격의 완전성 | 위격적 질서의 완전성

사랑의 방식 : 서로에게 수단이 되지 않으심 · 27

사랑의 목적 : 하나님의 지혜를 이루심 · 29
하나님의 사랑 안에 있는 지혜 | 지혜를 이루는 방법

Chapter 2 참된 인간의 삶

인간의 의무 · 38
기억함 | 알아감 | 사랑함

인간의 구원 : 사랑의 완성 · 44
영생의 의미 | 영생의 도구

Chapter 3 신자의 특별한 삶

신자답게 하는 세 요소 · 52
회개 | 쇄신 | 발견

교회의 지체로 사는 삶 · 60
그리스도의 몸을 세움 | 사랑 안에서 자라감

제2장 교회, 삼위 교통의 모상
ecclesia, imitatio Trinitatis

Chapter 1 삼위 하나님과 교회

삼위가 함께 세우신 교회 • 68

구원하시는 성부: 사랑 | 희생하는 성자: 은혜 | 믿게 하시는 성령: 교통

삼위가 함께하시는 교회 • 71

성부의 계획 안에서 | 성자의 통치 안에서 | 성령의 위로 안에서

Chapter 2 교회 생활

신자의 사랑 • 78

이웃을 사랑하는 신자 | 신자를 더욱 사랑하는 신자

사랑의 목적 : 존재 목적을 공유하게 하심 • 87

Chapter 3 사랑의 아픔

완성된 교회와 미완의 교회 • 94

교회를 완전하게 하심 • 95

하나님의 주권적인 계획 | 신자의 영혼의 지향성

불완전한 자들로 완전한 교회를 이루어 가심 • 102

불완전함을 보게 하심 | 완성을 갈망하게 하심 | 하나님을 의지하게 하심

Contents

제3장 사랑과 교제
caritas et societas

Chapter 1 교회, 재창조의 씨앗

두 창조 • 112
첫 창조 | 재창조

두 창조의 연관 • 120
재창조는 첫 창조의 완성을 바라봄 | 교회, 재창조의 완성을 위한 씨앗

Chapter 2 사랑 안에서 교제함

성령 안에서의 창조 • 128
인간을 창조하심 | 교회를 창조하심

교제를 이루시는 성령 • 133
용서를 누림 | 사랑을 누림

제4장 사랑과 일치
caritas et concordia

Chapter 1 사랑으로 이루는 일치

두 시대 • 148
사도 시대 | 우리 시대

교회가 보여주어야 할 모습 • 151
사랑으로 충만함 | 사랑으로 하나 됨

사랑으로 이루는 일치 • 154

Chapter 2 신자와 교회의 일치

교회의 일치 • 160
분쟁이 없는 상태가 아님 | 바른 관계와 온전함

교회의 불일치 원인 • 163
소극적: 영원한 것들에 대한 무관심 | 적극적: 교만과 이기심

일치가 이루어지는 방식 • 167
사랑의 질서가 재편됨으로써 | 하나님과의 교제 안에서

진리에 합치됨으로 이루는 일치 • 176

Contents

제5장 그리스도와 지체
Christus et membra

Chapter 1 그리스도와 교회

교회와 신자의 연합 • 184
신자와 그리스도의 연합 | 교회와 그리스도의 연합

교회의 머리이신 그리스도 • 188
교회의 유기체성 | 교회의 통일체성

완전한 머리와 불완전한 몸 • 196
그리스도를 의존함 | 그리스도와의 연합을 누림

Chapter 2 불완전한 혼합인 교회

참 신자와 거짓 신자 • 208
완전 구별은 불가능함 | 종말까지 계속될 교회의 특성 | 교회의 거룩함

토투스 크리스투스 • 213

보이는 교회를 사랑함 • 216

제6장 교회와 사랑의 확장
ecclesia et extensio caritatis

Chapter 1 교회의 아름다움

교회의 아름다움 • 224

그리스도의 아름다움 | 신자의 아름다움 | 연합의 아름다움

교회의 아름다움의 일부로서 신자의 아름다움 • 227

아름다운 신자가 누구인가 | 아름다운 영혼, 순결한 사랑

그 아름다움의 나타남, 마음에 달림 • 229

실재: 영혼 안에 | 기능: 애성 안에 | 작용: 마음 안에

Chapter 2 사랑 안에서 자라감

교회의 확장은 사랑의 확장이다 • 236

교회의 사명 | 사랑의 정화와 풍성함 그리고 확장

온 마음으로 사랑함 • 240

하나님을 향하여: 진리에 대한 응답 | 사람들을 향하여: 용서와 나눔

책을 닫으며 • 250
참고문헌 • 254

책을 열며

교회를 통해 이루실 하나님의 경륜

하나님의 경륜(經綸)

인생의 행복은 많은 것을 소유함으로써 누릴 수 있는 것이 아닙니다. 오히려 인류를 향한 하나님의 경륜을 이해함으로써 얻어집니다.

'경륜'의 헬라어 '오이코노미아(οἰκονομία)'는 '집'을 뜻하는 '오이코스(οἶκος)'와 '법'을 뜻하는 '노모스(νόμος)'가 결합하여 이루어졌습니다. '노모스'는 '다스리다', '규율하다'라는 단어에서 나왔습니다. 그래서 '오이코노미아'가 하나님과 관련되어 '경륜'을 뜻할 때는, 하나님께서 이 세계 전체를 마치 하나님의 집으로 여겨 다스리고 돌보신다는 것을 의미합니다.

하나님께서는 이 세상을 다스리고 계십니다. 하나님의 다스림은 목적 없는 다스림이 아닙니다. 하나님께서는 목적을 가지고 이 세상을 지으셨고, 그것이 이루어지도록 지금도 이 세상을 다스리고 계십니다. 이 세상을 향한 하나님의 그 목적을 우리는 '천지 창조의 목적'

이라고 합니다. 두서없이 펼쳐지는 것 같은 인류의 역사는 천지 창조의 목적이 이루어지는 방향으로 나아가고 있습니다.

교회를 세우심

아담과 하와가 범죄하여 인간은 창조의 목적을 이룰 수 없는 존재가 되었습니다. 그래서 예수 그리스도께서 이 세상에 오셨습니다. 예수님께서는 십자가에서 죽었다가 다시 사심으로 인류의 구원을 완성하셨고, 구원받은 인류가 다시 천지 창조의 목적으로 나아가게 하셨습니다. 구원의 역사는 그때를 바라보고 달려왔고, 또 달려가고 있습니다. 이 세계를 향한 하나님의 창조의 목적이 온전히 이루어지는 때를 말입니다. 그때 세계를 향한 하나님의 경륜도 완성될 것입니다.

하나님께서는 그리스도를 믿는 자들을 불러 한 몸이 되게 하십니다. 그것이 바로 교회입니다. 하나님께서는 당신의 경륜을 발견할 수 있는 지혜를 성경을 통해 교회에 위탁하셨습니다. 그래서 구원받은 사람은 교회를 통해 성경에 나타난 하나님의 지혜를 배워 천지 창조의 목적으로 돌아갈 수 있습니다(고전 3:7).

신자는 교회 안에서 하나님의 위대한 경륜을 봅니다. 그 경륜 안에서 개개인의 인생에게 주어진 의미를 찾습니다. 이 세계를 만들고 인류를 지으신 하나님의 경륜과 자신의 인생이 어떠한 관계에 있는지를 깨닫게 됩니다. 그래서 신자는 하나님의 경륜의 빛 아래에서 자신의 인생의 의미를 생각하는 사람입니다. 그는 교회와 함께 자신의 인생의 목적을 이루어갑니다(엡 1:8~10).

그런데 오늘날 우리의 교회는 어떠합니까? 무지로 인해 일어나는 교회의 분열, 사랑이 없어 발생하는 신자들 사이의 다툼, 인간의 본성에서 비롯된 죄악들이 교회를 아프게 합니다. 하나님께서 부여하신 교회의 질서에는 관심이 없고, 자신의 유익을 교회의 평화보다 더 중요하게 생각하는 사람들 때문에 교회는 고통을 겪습니다. 진리로 세상을 이기기보다는 세속적인 성공으로 세상에서 환영받기를 꿈꾸는 신자들 때문에 교회의 존재 목적은 신자의 삶 속에서 구현되지 못합니다.

또한 교회가 무엇인지에 대한 신학적 이해의 부족은 개인주의에 빠진 신자들을 양산해냅니다. 그들은 교회가 자신에게 유익을 주지 못하거나 교회 안에 어려움이 생길 때, 혹은 자신이 희생해야 할 상황이 될 때 교회를 쉽게 떠납니다. 때로는 자신이 교회 정치의 중심에 설 수 있는 곳을 찾아다니기도 합니다. 또 개인의 이익으로 인한 다툼이나 견해 차이 때문에 지체에게 적대감을 갖기도 합니다(약 4:1~2). 사람에 대한 이러한 불만과 미움은 교회의 존재 자체에 대한 부정으로까지 나아가 무(無)교회주의를 주장하기도 합니다.

그러나 성경은 "교회는 그(그리스도)의 몸"이고, "우리는 그 몸의 지체"라고 말합니다(엡 1:23, 5:30). 그리스도는 교회의 머리이시고(엡 5:23), 교회를 사랑하여 교회를 위해 자신을 주셨습니다(엡 5:25). 그리고 예수 그리스도께서는 우리에게 교회를 보살피라고 명하셨습니다(행 20:28).

성경은 우리가 교회 안의 지체를 어떻게 대하는지에 따라 우리가 빛 가운데 거하는지 어둠 가운데 거하는지가 명백히 드러난다고 말합니다(요일 2:9~11). 교회는 음부의 권세가 이기지 못할 영원한 영적 공동체입니다(마 16:17).

그러므로 신자는 일평생 교회가 무엇인지를 배워야 합니다. 그 배움을 통해서 교회와 삼위 하나님의 관계, 교회와 하나님의 경륜에 대해서도 알게 됩니다. 교회가 어떤 방식으로 그리스도의 몸인지를 알아가야 합니다. 교회를 아프게 하는 것이 무엇이며, 그것이 왜 잘못된 것인지 깨달아야 합니다(고후 11:28~29). 신자 개인의 성화가 교회와 어떠한 관련이 있는지를 배워가야 합니다. 그리고 이 모든 것을 통해서 자신의 인생의 방향을 올바르게 설정해야 합니다. 인생에서 중요한 것은 속도가 아니라 방향이기 때문입니다.

이 책을 읽는 유익

반기독교적인 현실은 나름의 논리로 무장한 현대 사상의 조종을 받고 있습니다. 이러한 현대 사조를 거스르며 살아가려면 성경적인 논리가 필요합니다. 순수한 믿음과 함께 논리적 지식이 필요합니다.

그러나 많은 사람들은 이런 지식이 실제 생활에 도움을 주지 못한다고 여깁니다. 그것은 신학생들이나 배우는 것이라고 생각하기도 합니다. 그렇지만 성경적이고 논리적인 지식은 우리의 실제 생활을 위해 꼭 필요합니다. 교리는 하나님과 세계와 인생에 대한 올바른 관점을 주고, 이것을 바탕으로 우리가 세상을 바라보기 때문입니다. 그리고 우리가 이 세상을 어떻게 바라보느냐에 따라 삶이 전개되기 때문입니다. 이 책을 읽음으로 우리가 얻게 되는 유익은 다음과 같습니다.

첫째로, 우리는 이 책을 통해 삼위 하나님의 교통의 본질이 사랑임을 배웁니다. 그 사랑은 삼위 안에 있는 하나님 자신의 아름다움에서 비롯된 것이므로 신앙의 본질이 그분의 아름다움을 알고 사랑하는 것임을 알게 될 것입니다(시 27:4).

둘째로, 우리는 이 책을 통해 교회가 삼위 하나님 안에서 이루어지는 사랑의 교통의 모상(模像)임을 배웁니다. 교회는 삼위 하나님의 세 위격(位格, person) 간의 사랑의 교통을 본뜬 공동체이므로 신자가 누리는 영생의 본질이 하나님과의 사랑의 교통임을 깨닫게 될 것입니다.

셋째로, 우리는 이 책을 통해 첫 창조의 모상인 교회는 재창조될 인류 사회가 어떠할지를 드러내는 공동체임을 배웁니다. 창조 세계가 파괴되기 전 사람들이 성령 안에서 사랑했던 것처럼 교회 안의 신자들은 서로 사랑함으로써 재창조될 세상이 '사랑의 사회'임을 드러내야 합니다.

넷째로, 우리는 이 책을 통해 교회의 본질이 사랑의 교통(communio amoris)이므로 교회는 사랑 안에서 일치를 이루어야 함을 배웁니다. 그 일치는 진리 안에서 이루어지는 일치로, 이 세상에 하나님의 경륜을 이루기 위한 것입니다.

다섯째로, 우리는 이 책을 통해 신자가 교회의 지체를 어떻게 사랑해야 하는지를 배웁니다. '**토투스 크리스투스**(Totus Christus)'의 교리, 곧 사랑과 용서를 실천할 때 '눈에 보이는 교회의 모든 지체를 그리스도의 몸으로 여김'의 교리를 살펴볼 것입니다.[1] 이 교리는 역사적으로 이레나이우스(Irenaeus, 140~203), 테르툴리아누스(Tertullianus, 160~220), 아타나시우스(Athanasius, 295~373), 그레고리우스(Gregory of Nyssa, c.335~c.395), 아우구스티누스(Aurelius Augustinus, 354~430)와 같은 동방과 서방의 교부들에 의해서 발전되어 왔습니다. 이 가르침을 통해 우리는 신자가 불완전한 교회를 어떻게 섬겨야 하는지를 깨닫게 될 것입니다.

여섯째로, 우리는 이 책을 통해 교회의 진정한 영광이 무엇인지를 배웁니다. 교회는 자신 안에 있는 하나님의 사랑을 세상에 확장함으로써 자신의 영광을 드러낸다는 사실을 알게 될 것입니다.

마지막으로, 우리는 이 책을 통해 성화의 공동체적 의미를 배웁니다. 그동안 개인적인 차원에서만 이해되어 온 성화의 의미를 교회론적 측면에서 어떻게 해석해야 하는지를 알게 될 것입니다.

하나님을 알아가는 즐거움

모든 실천적인 지식은 사변이 필요한 지식에 뿌리를 두고 있습니

---

1) Emile Mersch, *The Whole Christ: The Historical Development of the Doctrine of the Mystical Body in Scripture and Tradition*, trans. John R. Kelly (Eugene: Wipf & Stock Publisher, 2011), 236-239, 284-286, 371-372, 393-394.

다. 때로 가장 사변적인 지식이 가장 실천적인 것도 이 때문입니다. 성경적 사상에 뿌리를 두지 않은 실천적 지식은 실천이 없는 사변적 지식만큼이나 해롭습니다. 그래서 우리는 삼위 하나님의 사랑의 교통을 본뜬 교회에 대해 알아가야 합니다. 이것은 교회를 바르게 사랑하기 위해 꼭 필요한 일입니다.

조나단 에드워즈(Jonathan Edwards, 1703~1758)가 말한 바와 같이 하나님에 대한 공부는 재미있습니다.[2] 많은 그리스도인이 성경의 사상을 배우는 즐거움을 모르기 때문에 쓸데없는 오락과 쾌락에 빠져 시간을 허비합니다. 그로 인해 허무한 것들을 추구하며 어떻게 살아야 하는지 몰라 요동하는 삶을 삽니다(약 1:6).

성경에 대한 체계적인 탐구와 성령의 은혜만이 우리의 삶을 견고하게 합니다. 작은 풍랑에도 요동치는 쪽배와 같던 우리를 대양을 가로질러 항해하는 항공 모함이 되게 합니다. 하나님을 바라보며 살아가는 삶에 요동함이 없게 합니다(시 16:8).

하나님께서 당신을 간절히 찾는 자들에게 베푸시는 최고의 대우는 바로 진리를 깨닫게 하시는 것입니다. 우리는 다음과 같은 시인의 간구를 기억해야 합니다.

"주의 종을 후대하여 살게 하소서 그리하시면 주의 말씀을 지키리이다 내 눈을 열어서 주의 율법에서 놀라운 것을 보게 하소서 나는

---

[2] Jonathan Edwards, "The Importance and Advantage of a Thorough Knowledge of Divine Truth," in *The Works of Jonathan Edwards*, vol. 22: Sermons and Discourses 1739-1742, ed. Harry S. Stout (New Haven: Yale University Press, 2003), 99.

땅에서 나그네가 되었사오니 주의 계명들을 내게 숨기지 마소서 주의 규례들을 항상 사모함으로 내 마음이 상하나이다"(시 119:17~20).

제1장
사랑, 삼위의 교통

amor, societas Trinitatis

삼위 하나님의 교통의 본질은 사랑입니다. 그 사랑은 위격들 안에 있는 하나님의 아름다움에서 비롯되었습니다. 이것은 신앙의 본질이 하나님의 아름다움을 발견하고 그분을 사랑하는 것임을 보여줍니다(시 27:4).

Chapter 1

삼위 안에 있는 사랑

사랑의 근거 : 삼위의 아름다움

삼위 하나님께서는 사랑으로 교통하십니다. 영원 전부터 세 위격인 성부와 성자와 성령이 사랑으로 교통하시기 때문에 "하나님은 사랑"이십니다. 이에 대해 사도 요한은 이렇게 말합니다.

"하나님이 우리를 사랑하시는 사랑을 우리가 알고 믿었노니 하나님은 사랑이시라 사랑 안에 거하는 자는 하나님 안에 거하고 하나님도 그의 안에 거하시느니라"(요일 4:16).

삼위 하나님 안에 있는 사랑의 근거는 세 위격의 아름다움입니다. 성부와 성자와 성령이 각기 무한히 아름다우시기에 서로 사랑하십니다. 인간의 일생은 하나님의 이 아름다움을 발견하여 그것을 즐거워하고, 그분을 사랑하는 것입니다(시 8:1).

인간에게도 사랑이 있습니다. 그러나 인간의 사랑은 대개 자기 밖에 존재하는 것의 아름다움에서 생겨납니다. 이에 비하여 삼위 하나님의 사랑의 원인은 하나님 자신 안에 있습니다. 하나님의 사랑은 하나님 밖에 있는 어떤 원인 때문에 생긴 것이 아닙니다. 세 위격이 무한히 아름다우시기 때문에 사랑으로 교통하십니다(요 5:20, 10:17). 하나님께서는 스스로 계신 분이고(출 3:14), 하나님 자신이 존재의 원인이자 목적이기 때문입니다(골 1:16~17).

하나님께서 사랑의 하나님이 되신 것은 인간을 창조하고 난 후가 아닙니다(요 17:24). 하나님은 세 위격의 아름다움 때문에 사랑하고 사랑받음으로써 영원히 사랑이십니다. 르네상스의 선구자 중 한 사람인 단테(A. Dante, 1265~1321)가 『신곡(Divina Commedia)』에서 다음과 같이 말한 것도 그 때문입니다.

"아아, 영원한 빛이시여, 당신은 당신 안에만 계시고, 당신만이 당신을 아시고, 당신에게만 알려지고, 당신을 알면서 사랑하고 웃으시는도다!"[1]

하나님께서 모든 것을 창조하셨기 때문에 하나님의 아름다움은 세상 만물에도 깃들어 있습니다(요 1:1~2). 우리는 이 아름다움을 자연 사물과 인류의 역사, 인간의 정신 안에서도 발견할 수 있습니다. 그러나 발견된 아름다움은 본래의 아름다움이 아닙니다. 그것은 하나님의 아름다움의 희미한 그림자이며 흩어진 조각에 불과합니다. 본래의 아름다움은 하나님 자신입니다(사 35:1~2). 하나님의 아름다움은 다음 두 가지로 설명할 수 있습니다.

---

1) 단테 알리기에리, 『신곡』, 정노영 역 (서울: 홍신문화사, 2009), 668-669.

개별적 위격의 완전성

첫째로, 하나님의 아름다움은 개별적 위격의 완전성입니다. 하나님은 삼위의 하나님이십니다. 각 위격은 다른 위격 때문에 비로소 하나님이 되시는 것이 아닙니다. 성부·성자·성령은 하나님의 구성 요소가 아니기 때문입니다.[2)]

성부와 성자와 성령은 각 위격이 완전하고 동일한 신적 본질을 갖고 계십니다. 그래서 삼위 하나님은 '하나님으로서 더 이상 하나님다울 수 없는 무한히 완전하신 하나님'입니다. 삼위 하나님의 완전하심으로 인하여 각 위격은 무한히 아름답고, 그 아름다움 때문에 각 위격은 다른 위격에게 사랑을 받습니다.[3)]

하나님의 한 위격은 개별적으로 다른 두 위격과 사랑으로 교통하십니다. 이는 각 위격이 개별적 인격을 가지고 계심을 보여줍니다. 여기에서 인격은, 한 인간이 개체적으로 하나의 인격을 갖는다는 개인주의적(individual)인 의미가 아닙니다. 하나님의 위격, 즉 인격은 관계적(relational) 또는 교통적(communal)인 인격을 말합니다. 따라서 세 위격은 세 개의 의지가 아니라 하나의 의지를 갖습니다.

하나님의 세 위격이 의식에서 구별되고 서로 관계를 맺으신다는 사실은 성경이 입증합니다. 성경은 위격들 간에 사랑하시며(요 3:35), 한

---

2) 순결한 영이신 하나님은 아무런 구성 요소 없이 존재하신다. 이것을 하나님의 단순성(*simplicitas Dei*)이라고 한다(욥 31:15, 슥 14:9). 하나님은 분할이나 혼합이 없는 단순하신 분이다.
3) Sebastian Rehnman, "The Doctrine of God: A Semantical Analysis," in *A Companion to Reformed Orthodoxy*, ed. Herman J. Selderhuis (Leiden: Brill, 2013), 387.

위격이 다른 위격 안에 거하시고(요 14:10~11), 한 위격이 다른 위격에게로 가는 길이며(요 14:6), 한 위격이 다른 위격에 관하여 말씀하시고(눅 3:22), 한 위격이 다른 위격을 영화롭게 하시며(요 17:5), 서로 간에 의논하시고(창 1:26, 11:7), 함께 계획하시며(사 9:6~7), 다른 위격에게 상을 수여하신다고 말합니다(빌 2:5~11).

하나님께서는 인간을 비롯한 만물을 아름답게 창조하셨고, 서로 의존하며 살도록 하셨습니다. 그리고 궁극적으로는 모두 하나님을 의존하게 하셨습니다. 그러나 하나님께서는 아무 존재에게도 의존하지 않으십니다. 이는 하나님 스스로 충족하고 완전하신 분이기 때문입니다.

위격적 질서의 완전성

둘째로, 하나님의 아름다움은 위격적 질서의 완전성입니다. 일반적으로 '질서의 완전성'이란 어떤 사물이 다른 사물들과의 관계에서 조화와 균정(均整), 절제 속에서 어울린 아름다움을 뜻합니다. 조화는 자신 이외의 다른 사물들과의 어울림을, 균정은 자신과 대칭되는 사물들과의 대칭적 질서를, 절제는 그 모든 개별적 존재가 자신의 존재와 작용에 만족하는 것을 말합니다(롬 12:3).

성부와 성자와 성령은 한 하나님의 세 위격입니다. 세 위격 사이에는 영원하고 불변하며 완전한 질서가 있습니다. 성령은 성자와 성부에게, 성자는 성부에게 종속됩니다. 그러나 이것은 초대 교회의 이단자 아리우스(Arius, c.250~c.336)의 주장처럼 본질적인 종속(essential subordination)

이 아닙니다. 삼위 안에서 각 위격들 간의 관계에서의 질서 또는 경륜적인 종속(economic subordination)을 가리킵니다.[4] 다시 말해서 이 세계와의 관계의 질서에서는 성부가 먼저이십니다. 성자가 그다음이시고, 성령이 그다음이십니다. 이는 인류의 창조와 구원에서 성부가 계획하시고, 성자는 실행하시고, 성령은 적용하신다는 의미입니다. 그래서 케빈 밴후저(Kevin J. Vanhoozer)는 성부 하나님을 '극작가(playwright)' 요 '제작자(producer)'로, 성자 하나님을 드라마의 '절정(climax)'이요 '총체(summation)'로, 성령 하나님을 모든 연출을 총괄하는 '총감독(primary director)'으로 묘사했습니다.[5]

세 위격의 본질은 '서로에게 종속되지 않는 하나 됨'(consubstantiality)입니다. 그렇지만 경륜의 측면에서는 서로 구별되게 일하십니다. 세 위격이 고유하게, 그러나 서로 교통하는 가운데 한 하나님의 뜻을 시간과 공간 안에서 펼쳐나가시는 것입니다. 이때 나타나는 각 위격의 고유함은 그 위격의 다름이 되고, 세 위격의 다름이 서로 어울려 아름다움을 이룹니다. 이것이 위격적 질서의 완전성입니다.

성부와 성자와 성령은 완전하십니다. 다른 위격들과의 다름 때문에 완전하게 되는 것은 아닙니다. 하나님께서는 세 위격으로 존재하여 사랑으로 교통하시고, 그러한 관계 안에서 각 위격은 무한히 아름

---

4) Catherine Mowry LaCugna, *God for us: The Trinity and Christian Life* (New York: HarperOne, 1993), 32.
5) Kevin J. Vanhoozer, *The Drama of Doctrine: A Canonical-Linguistic Approach to Christian Theology* (Louisville: Westminster John Knox Press, 2005), 448.

다운 방식으로 존재하십니다. '아름다운 방식'이란 위격들이 하나 안에서 셋을 이루며, 셋이지만 한 분 하나님이 되심을 뜻합니다. 따라서 한 위격은 다른 두 위격을 배제하고 홀로 존재하거나 일하시는 법이 없습니다. 하나님께서는 세 위격으로 교통하지만 세 분이 아니고 한 분이십니다. 우리가 삼위 하나님을 '한 분' 하나님으로 부르는 이유도 여기에 있습니다(마 23:9, 딤전 2:5).

사랑의 방식 : 서로에게 수단이 되지 않으심

삼위 하나님 사이에 존재하는 교통의 본질은 사랑입니다. 사랑은 어떤 대상을 궁극적인 목적으로 정하고, 그것에서 즐거움을 누리려는 영혼과 마음의 움직임입니다.[6] 아우구스티누스는 참된 사랑을 '프루이(frui)'라고 했습니다. '프루이'는 '향유' 또는 '누림'을 뜻합니다.[7] 곧 그것을 사랑함으로써 얻고자 하는 상위의 목표가 없는 즐거워함을 가리킵니다.

하나님께서는 존재와 가치에서 최고이십니다. 삼위 하나님께서는

---

[6] 참된 사랑에 대한 아우구스티누스의 설명은 다음을 참조할 것. Avrelivs Avgvstinvs, *De Trinitate*, in *Corpvs Christianorvm Series Latina L: Avrelii Avgvstini Opera*, Pars XVI, 1 (Tvrnholti: Typographi Brepols Editores Pontificii, 1968), 284.

[7] Avrelivs Avgvstinvs, *De Doctrina Christiana*, in *Corpvs Christianorvm Series Latina XXXII: Avrelii Avgustini Opera*, Pars IV, 1 (Tvrnholti: Typographi Brepols Editores Pontificii, 1996), 8-9.

사랑하심에 있어서 각 위격이 서로에게 수단이 되지 않으십니다. 각 위격에게는 서로를 사랑함으로써 도달하고자 하는 더 높은 목표가 없기 때문입니다. 하나님께는 자신을 능가하는 또 다른 존재의 목표가 없습니다.

그래서 하나님의 사랑은 하나님에게서 시작되어 하나님 때문에 계속되며, 하나님을 위하는 '자기 충족적(自己充足的, self-sufficient)'인 사랑입니다. 하나님 자신이 사랑의 원인이자 목적이며 주체가 되십니다. 그렇다고 해서 하나님 자신을 향한 사랑이 인간을 비롯한 모든 만물의 행복과 배치되는 것은 아닙니다. 하나님의 자기 충족적인 사랑은 인간과 만물을 향한 사랑을 포함하기 때문입니다. 하나님께서는 인간을 비롯한 만물을 당신 자신을 사랑하고 즐거워하는 데 사용하십니다. 그 사랑은 하나님 자신에 관한 한 이기적(利己的)인 사랑입니다. 정확히 말해서 자기적(自己的) 사랑입니다. 그러나 그것이 인간에게는 한없는 이타적 사랑이 되고, 만물에게는 선의(善意)가 되는 것이니 모든 피조물은 그 안에서 행복을 누립니다.

이 사랑 안에서 인간은 사랑의 원천이신 하나님을 사랑할 수 있습니다. 아우구스티누스는 하나님께로부터 유래한 이 지순(至純)의 사랑, 곧 '카리타스(caritas)'의 사랑을 '아모르 소키알리스(amor socialis)'라고 했습니다.[8] 어떤 사람들은 이것을 '사회적 사랑'이라고 번역하는데 나는

---

8) Aurelii Augustini, *De Genesi ad Litteram*, in *Patrologia Latina, Curcus Completus*, vol. 34, ed. J. P. Migne (Paris: Imprimerie Catholique, 1845), 437.

교통애(交通愛)라고 부릅니다.9) 이 사랑은 만물의 판단 기준을 하나님께 둔 사랑입니다. 그렇기 때문에 하나님을 사랑하게 할 뿐 아니라 하나님께서 사랑하기를 원하시는 모든 대상을 하나님 때문에 사랑하게 합니다.

아무리 열렬한 사랑이어도 이 질서에서 이탈한 것이라면 그 사랑은 인간을 참된 행복으로 데려가지 못합니다. 그 안에는 하나님과의 사랑의 교통이 없기 때문입니다. 아우구스티누스는 이런 사랑을 '**아모르 프리바투스**(amor privatus)' 곧 사적인 사랑(私愛)이라고 불렀으나10) 나는 단절애(斷絶愛)라고 부릅니다. 이 사랑은 관계를 단절하기 때문입니다. 이것은 하나님의 사랑이 아니라 자기 사랑이 확장된 것입니다. 즉 만물의 질서와 판단 정립의 기준을 자기에게 둔 사랑입니다. 기준을 자신에게 둔 이 사랑은 인간을 불행하게 합니다. 오직 하나님만이 만복의 근원이시므로 그분께 가까이 다가가야 행복을 누릴 수 있는데, 오히려 점점 더 멀어지게 하기 때문입니다(시 73:28).

사랑의 목적 : 하나님의 지혜를 이루심

세계와 인간을 창조하기 전, 만물에 대한 모든 지식은 하나님의 관

---

9) 아우구스티누스, 『신국론(제11-18권)』, 성염 역 (왜관: 분도출판사, 2004), 1550.
10) Aurelii Augustini, *De Genesi ad Litteram*, in *Patrologia Latina, Curcus Completus*, vol. 34, ed. J. P. Migne (Paris: Imprimerie Catholique, 1845), 437.

념 안에 있었습니다. 그것은 사물 하나하나의 존재와 작용에 대한 것뿐 아니라 그 사물들이 질서 안에서 다른 것들과 조화와 균형을 이루는 관계에 대한 앎까지를 포함합니다. 하나님께서는 그 모든 지식을 통합하여 당신이 의도하신 세계가 되게 하십니다. 창조된 세상이 하나님을 향하여 존재하도록 당신의 지혜 안에서 창조의 목적을 정하신 것입니다(잠 3:19, 사 31:2).

하나님께서는 창조의 목적이 이루어지도록 세상을 통치하십니다. 따라서 하나님께서는 이 세계를 향해 자연적인 목적을 능가하는 도덕적인 목적을 갖고 계십니다. 자연적 목적이 모든 피조물의 생성과 생존, 변화와 소멸의 질서에 관한 것이라면, 도덕적 목적은 도덕적 피조물, 특히 인간이 만물을 사용함으로써 이 세상에서 하나님의 선(善)을 이루어가는 것과 관련됩니다. 하나님께서는 세상을 도덕적으로 통치하십니다. 이 말은 이 세상이 창조의 목적을 향하여 가도록 하나님께서 당신의 지성과 의지로 세상을 다스리신다는 의미입니다(시 47:8, 66:7, 89:9).11)

하나님 자신은 세계의 존재함이나 인간이 하나님을 사랑하는 것을 통해서 더 만족을 얻으시는 분이 아닙니다. 하나님 스스로 완전하고 충족하신 분이기 때문입니다(시 95:3~6). 완전하다면 불변해야 합니다(약 1:17). 변한다는 것은 어떤 의미에서든지 과거의 상태가 현재에 비하여, 또는 현재의 상태가 과거에 비하여 불완전하다는 것을 의미

---

11) 김남준, 『하나님의 도덕적 통치』 (서울: 생명의말씀사, 2007), 31-32.

하기 때문입니다(시 102:27).

하나님께서 불변하시기 때문에 인간이 하나님에게서 어떠한 정동(情動)도 느낄 수 없다면 그것은 하나님을 목석과 같은 존재로 만드는 것입니다. 그렇게 되면 하나님과 인간은 인격적으로 교통할 수 없을 것이며, 하나님께로부터 어떠한 도덕적 감화도 받지 못할 것입니다. 인간은 하나님의 사랑을 경험해야만 자기 사랑을 버려 하나님을 사랑하고 그분의 뜻대로 살 수 있기 때문입니다(고후 5:14~16).

하나님께서는 만물의 생성과 변화를 관장하시지만, 정작 당신은 변하는 것들에 의해 영향을 받지 않으십니다. 아우구스티누스는 이렇게 고백합니다.

"하나님께서는 만물을 바꾸시되 자신은 바뀌시 않으시며, 새로움도 오래됨도 없으신 채 모든 것을 새롭게 하십니다."[12]

다만 하나님께서는 변화하는 모든 것 속에서 느끼는 당신의 정동을 인간도 느끼게 하심으로써 인간을 도덕적으로 통치하십니다. 그래서 우리는 성경을 통해 기쁨과 슬픔, 분노와 질투 등의 감정을 봅니다. 이것을 통해 인간에게 선한 일에 더욱 열심을 내게 하거나 불순종의 길에서 돌이키게 하십니다. 이는 당신은 움직이지 않으면서도 인간과 만물을 당신 뜻대로 움직이게 하시는 하나님의 역사하심입니다

---

12) "… immutabilis, mutans omnia, numquam nouus, numquam uetus, innouans omnia et in uetustatem perducens superbos et nesciunt …"(1.4.4). Avrelivs Avgvstinvs, *Confessiones*, in *Corpus Christianorvm Series Latina XXVII: Avrelii Avgvstini Opera* (Tvrnholti: Typographi Brepols Editores Pontificii, 1996), 2.

다(시 103:19).

세상을 창조한 후에 하나님께서는 세상이 자연법칙만을 따라 운행되도록 내버려두지 않으셨습니다. 하나님께서는 여전히 자연 만물을 붙들고 계십니다. 인간 개인과 사회의 도덕 상태에 많은 관심을 기울이며, 시간과 공간 안에서 창조의 목적을 이루어가십니다. 이러한 교리적 사실을 이해하려면 다음 사실들을 숙고해야 합니다.

하나님의 사랑 안에 있는 지혜

우리는 먼저 하나님의 사랑 안에 지혜가 있다는 사실을 알아야 합니다. 하나님께서는 분명한 목적을 위해 세상을 창조하셨습니다. 그리고 이 목적이 이루어지도록 만물을 통치하시는데, 그 통치는 만물을 향한 지혜와 사랑 안에서 이루어집니다.

하나님께서는 '최고선(最高善, Summum Bonum)'으로 다른 피조물과 관계를 맺을 때 '선하심(bonitas)'을 드러내십니다. 그것은 인간에 대해서는 사랑으로, 자연 만물에 대해서는 선의(善意)로 나타납니다. 그래서 하나님의 '선하심'은 하나님께서 모든 피조물을 관대함과 호의로 대해주심을 뜻합니다.

하나님께서는 선한 것을 선택하도록 인간에게 지성의 분별력을 주시고, 아는 것을 실행할 수 있도록 의지를 사랑으로 감화시키십니다(왕상 3:11~12, 스 1:5). 은혜를 베풀어 악의 증진을 막고 선을 권장하십니다(시 5:4). 이 모든 일은 인간을 향한 사랑 안에서 이루어집니다. 그래서 신자는 하나님께 은혜를 받을 때뿐 아니라 징계를 받을 때도 하나님의 사랑에 감격합니다. 이처럼 하나님께서는 사랑 안에서 천지 창조의 목적을 실현해가십니다.

지혜를 이루는 방법

다음으로 우리는 하나님께서 지혜를 이루시는 방법에 관해 숙고하여야 합니다. 하나님께서는 완전한 지혜로 창조의 목적을 정하시고, 그것이 이루어지도록 세상을 다스리십니다. 만약 이 세계를 향한 하나님의 다스림이 없다면 세상은 하나님께서 의도하신 목적에 따라 존재할 수 없을 것입니다. 하나님께서는 당신의 지혜로 정하신 목적을 다음과 같은 방법으로 이루어가십니다.

경륜의 일치

첫째로, 경륜의 일치입니다. 하나님께서는 세 위격으로 존재하십니다. 세 위격은 창조와 구속, 완성에서 각각 고유한 역할을 합니다. 그렇지만 그 역할들은 단일한 신적 의지로 이루어집니다. 다시 말하면 세 위격은 각각 고유한 작용을 하지만, 이 작용들은 하나의 인격과 하나의 의지 안에서 조화 속의 일치로 나타납니다(요 5:17, 10:30). 그리하여 창조와 구속, 완성에서 한 하나님께서 펼치시는 경륜의 일치로 나타납니다.

그러나 이 경륜의 일치는 인간이 자신의 존재 목적을 하나님의 뜻에 합치시키는 것과 같은 방식으로 이루어지지 않습니다. 인간이 자기 인생의 목표를 하나님의 뜻에 합치하려면 자신이 원하는 것과 하나님의 뜻의 차이로 인해서 자기희생과 포기가 필요하지만, 하나님의 세 위격은 존재의 목적이 서로에 대하여 상충하지 않기 때문입니다.

인간의 사랑

둘째로, 인간의 사랑입니다. 하나님께서는 지혜로 이 세계를 창조하셨고 또 완성하실 것입니다. 하나님의 지혜가 가장 찬란하게 드러나는 부분은 구속의 역사입니다(골 1:27). 인류의 구속을 통해 드러나는 하나님의 지혜는 창조를 통해 드러나는 지혜를 능가합니다. 그런데 구속사 안에 있는 하나님의 지혜는 인간의 사랑과 깊은 관계를 맺는 가운데 전개됩니다.

먼저 인간을 향한 하나님의 사랑이 얼마나 큰지를 우리는 구속의 역사를 통해 봅니다(요 3:16). 하나님의 사랑을 십자가만큼 분명하게 드러내는 것은 없습니다. 하나님께서 인류를 구속하기로 계획을 세우신 것과 예수 그리스도가 성부 하나님의 뜻을 따라 이 세상에 오신 것 모두 인간을 향한 지극한 긍휼하심 때문이었습니다.

다음으로 하나님께서는 이 세상의 시간과 공간 안에 지혜를 펼칠 때 당신을 향한 인간의 사랑을 통해 일하십니다. 이때 홀로 하시는 일도 있지만, 어떤 일은 하나님을 사랑하는 인간의 참여로 이루십니다(출 31:6). 특히 타락한 인간을 전도로 구원하시는 일에서 더욱 그러합니다(고전 1:21, 골 4:3, 딛 1:3).

맺는말

하나님께서는 삼위 안에 있는 사랑의 교통을 창조 세계에 새기셨습니다. 삼위 하나님께서 서로 사랑하시는 것처럼, 모든 인류가 하나님을 사랑할 뿐만 아니라 서로 사랑하기를 바라셨습니다. 그러나 죄로 인해 사랑의 관계는 파괴되었습니다. 그리하여 하나님의 창조의 목적은 좌절되는 듯했지만 하나님께서는 인간의 구속을 통해서 그 목적을 이루십니다.

이 일을 위해 하나님께서는 시간과 공간 안에서 지혜를 펼치시되, 무한한 사랑 안에서 그렇게 하십니다. 피조물을 향한 사랑 안에서 하나님의 지혜를 이루십니다. 따라서 '하나님을 안다는 것'은 '하나님의 지혜와 사랑이 이 땅에서 어떻게 펼쳐지는지를 아는 것'과 동의어입니다.

여기에 인간의 행복이 있습니다. '하나님을 아는 지식'에 인간의 참된 행복이 있습니다. 인간의 행복은 하나님을 알고 사랑하는 데 있습니다. 이웃을 사랑하고 만물을 선의로 대하는 데 있습니다. 이것은 이 세상의 철학과 사상이나 타종교에서 얻을 수 없는 지혜입니다. 우리는 이 지혜를 성경과 교회를 통해서 얻습니다. 그러므로 교회는 인간답게 살게 하는 지혜를 품고 있는 하나님의 기관입니다.

Study Guide

내용 이해를 위한 토의

1. 삼위 하나님께서는 사랑으로 교통하십니다. 하나님 안에 있는 이 사랑의 근거는 무엇이며, 이것이 인간의 사랑과 다른 점은 무엇입니까?

2. 본문은 하나님의 아름다움을 다음 두 가지로 나누어 설명합니다.
   - 개별적 위격의 완전성이란 무엇입니까?
   - 위격적 질서의 완전성이란 무엇입니까?

3. 삼위 하나님의 사랑인 자기 충족적 사랑이란 무엇이며, 이러한 사랑이 인간을 비롯한 모든 만물의 행복과 배치되지 않는 이유는 무엇입니까?

4. 하나님께서는 사랑 안에서 지혜를 이루십니다.
   - 이 세상을 향한 하나님의 도덕적 목적은 무엇이며, '하나님께서 세상을 도덕적으로 통치하신다'라는 말의 의미는 무엇입니까?
   - 하나님의 사랑 안에 지혜가 있다는 말의 의미는 무엇입니까?
   - 하나님께서 지혜를 이루는 방법인 세 위격의 경륜의 일치란 무엇입니까?
   - 구속사 속에 나타난 하나님의 지혜는 인간의 사랑과 어떤 관련이 있습니까?

적용과 실천을 위한 나눔

1. 인간의 사랑은 언제나 자기가 옳다고 생각하는 존재의 질서를 따라 이루어집니다. 그런데 하나님께서 지정하신 존재의 질서를 따르지 않는 이러한 사랑은 악이며 인간을 불행하게 하는 요인입니다. 하나님께서 지정하신 질서를 벗어난 사랑이 자기 안에 없는지 돌아봅시다.

2. 인간의 삶은 하나님의 도덕적 통치(천지 창조의 목적)에 따를 때 행복을 누릴 수 있습니다. 당신의 삶은 하나님의 천지 창조의 목적이 이루어지는 데 기여하고 있습니까? 어떻게 자신의 인생의 목적과 하나님의 천지 창조의 목적이 합치를 이룰 수 있을지 나누어봅시다.

Chapter 2
참된 인간의 삶

인간의 의무

인간은 무(無)로부터(*ex nihilo*) 창조되었습니다. 이것은 인간이 다른 피조물과 같은 점입니다. 그러나 인간은 영혼을 가진 존재로 창조되었습니다(창 2:7). 인간은 하나님을 대신하여 이 세상을 다스리도록 위임받았습니다(창 1:26). 이 점에서는 다른 피조물과 구별됩니다.

그러나 인간은 자신의 힘만으로는 하나님께 부여받은 존재의 목적을 따라 살 수 없습니다. 선량한 관리자로서 이 세상을 다스리려면 세계의 근원이시며 인류를 향해 도덕적 목적을 가지고 계신 하나님에 대해 알아야 합니다. 하나님에 대한 앎은 그분을 사랑하게 하고, 그 사랑은 그분의 뜻을 따라 살게 하는 힘을 주기 때문입니다.

그래서 인간의 가장 큰 의무는 하나님을 기억하고, 알아가고, 사랑하는 것입니다. 이 의무에서 멀어질수록 인간은 행복에서 멀어지게 됩니다. 아우구스티누스가 『삼위일체(*De Trinitate*)』에서 다음과 같이 고백한 것도 바로 이 때문입니다.

"당신을 기억하게 하소서. 당신을 알게 하소서. 당신을 사랑하게 하소서. 저를 완전히 새롭게 하시기까지 이 모든 것을 내 안에서 확장시켜 주소서."[1)]

기억함

첫째로, 인간의 의무는 하나님을 기억하는 것(memorare)입니다. 인간의 영혼에는 자기를 창조하신 하나님에 대한 기억이 있습니다. 비록 죄로 인해 인간의 영혼이 어둠으로 가득 차고, 생각은 허탄한 데 굴복하여 하나님을 바로 알지 못한다고 해도 하나님께서는 인간의 영혼 안에 당신을 향한 기억의 씨를 남겨두셨습니다(롬 1:19). 그래서 인간은 하나님께서 그의 영혼과 만물 안에 남기신 신성(神性)의 흔적을 바라보며 그분을 찾게 됩니다.

"이는 사람으로 혹 하나님을 더듬어 찾아 발견하게 하려 하심이로되 그는 우리 각 사람에게서 멀리 계시지 아니하도다"(행 17:27).

이것은 핑계할 수 없을 정도로 분명합니다.

"창세로부터 그의 보이지 아니하는 것들 곧 그의 영원하신 능력과 신성이 그가 만드신 만물에 분명히 보여 알려졌나니 그러므로 그들

---

1) "Meminerim tui; intellegam te; diligam te. Auge in me ista donec me reformes ad integrum."(15.28.51). Avrelivs Avgvstinvs, *De Trinitate*, in *Corpvs Christianorvm Series Latina La: Avrelii Avgvstini Opera*, Pars XVI, 2 (Tvrnholti: Typographi Brepols Editores Pontificii, 1968), 533-535.

이 핑계하지 못할지니라"(롬 1:20).

그렇지만 하나님을 향한 기억의 씨만으로는 하나님이 얼마나 거룩하신 분인지, 인간이 얼마나 큰 죄인인지를 알지 못합니다. 그리스도를 통해 나타난 구원의 은혜에 대해 아는 것도 불가능합니다. 그것은 피조물에게 있던 신성(神性)의 충만한 아름다움과 영광이 인간의 타락으로 희미해졌기 때문입니다. 또한 그 아름다움과 영광이 어느 정도 남아 있다고 해도 인간 영혼의 어둠과 지성의 눈멂으로 인하여 구원에 필요한 지식을 얻지 못하기 때문입니다.

따라서 인간은 자연 계시만으로는 하나님을 찾아갈 수 없고, 하나님과의 사랑의 교제 속으로 들어갈 수 없습니다. 자연 계시는 단지 창조주가 계신다는 것과 그분이 선악을 심판하신다는 사실만 알려줍니다.

성경이 필요한 이유가 여기에 있습니다. 성경은 하나님이 어떤 분인지를 우리에게 가장 분명하게 계시해 줍니다(행 17:2~3, 26:22~23). 성경은 "구원에 이르는 지혜"를 얻게 할 뿐 아니라 온전한 사람이 되게 하며, 모든 선한 일을 행할 능력을 갖추게 합니다(딤후 3:15~17).

성경에 나타난 하나님에 대한 지식이 성령의 조명을 받을 때 믿음이 됩니다. 그래서 믿음은 기억(記憶)하는 것에서 시작됩니다. 자신의 힘으로 인생을 살아갈 수 없다는 사실을 깨달을 때 인간은 자기 밖에서 오는 도움을 찾게 됩니다. 이때 하나님에 대한 기억은 복음 증거에 귀를 기울이게 하고, 복음을 들음은 구원에 이르는 믿음을 가져다줍니다(롬 10:17). 이 모든 일은 그리스도의 은혜와 성령의 작용으로 이루어집니다. 그래서 구원에 이르는 믿음은 하나님의 선물입니다(엡 2:8).

알아감

둘째로, 인간의 의무는 하나님을 알아가는 것(intellegere)입니다. 인간은 자연 만물에 새겨진 하나님에 대한 지식만으로는 참사람답게 살 수 없습니다. 성경 말씀을 통해 하나님을 알아가는 일이 필요합니다. "오직 우리 주 곧 구주 예수 그리스도의 은혜와 그를 아는 지식에서 자라 가라 영광이 이제와 영원한 날까지 그에게 있을지어다"(벧후 3:18). 하나님을 알아가는 일은 하나님의 존재와 성품을 믿는 믿음을 전제로 합니다. 이는 하나님을 믿지 않으면 그분을 알 수 없음을 뜻합니다. 우리는 성경의 계시를 믿음으로써 창조주 하나님에 대해 더 분명한 지식을 갖게 됩니다.

하나님을 아는 지식은 하나님의 속성(성품)과 그것의 시행 방식에 대해 아는 것입니다.[2] 즉 하나님께서 어떤 성품을 지닌 분이신지를 알

---

[2] 속성(attribute)이란 '어떤 대상에게 돌리는 또는 어떤 대상을 서술하는 특성이나 자질'을 뜻하는데, 하나님의 속성을 논할 때에는 오해의 여지가 많은 용어다. 그래서 투레틴(F. Turretin, 1623~1687)은 하나님의 속성을 다음과 같이 정의한다. "하나님의 속성이란 하나님께서 연약한 우리 인간에게 당신 자신을 알리시는 본질적 특성들(essential properties)이며, 이것으로써 하나님은 피조물과 구별되신다." Richard A. Muller, *Post-Reformation Reformed Dogmatics: The Rise and Development of Reformed Orthodoxy, ca. 1520 to ca. 1725*, vol. 3 (Grand Rapids: Baker Academic, 2003), 214-215; Francis Turretin, *Institutes of Elenctic Theology*, vol. 1, trans. George Musgrave Giger (Phillipsburg: P&R Publishing, 1992), 187.

고, 그 성품이 인간과 만물 사이에서 어떻게 시행되는지를 아는 것입니다.

하나님을 아는 지식은 하나님을 아는 데에서 그치지 않습니다. 인간은 그 지식의 빛 아래에서 자신이 누구인지, 세계가 무엇인지, 어떻게 인생을 살아야 하는지를 알게 됩니다. 그것이 그를 참인간이 되게 합니다. 이 지식이 없다면 그는 하찮은 존재가 될 것입니다(호 4:6).

인간이 하나님을 가장 명확하게 알게 되는 것은 예수 그리스도를 통해서입니다. 예수 그리스도의 지상 생애를 통해 하나님이 어떤 분이신지가 분명히 계시되었기 때문입니다. 그래서 사도 바울은 "그리스도 예수를 아는 지식이 가장 고상"하다고 했습니다(빌 3:8).

성경은 진리이신 그리스도에 관한 증거의 집적(集積)이며 보고입니다(롬 1:2). 인간은 성경을 통해 드러난 예수 그리스도에 대해 알아감으로써 하나님에 대한 분명한 지식을 갖습니다.

사랑함

셋째로, 인간의 의무는 하나님을 사랑하는 것(diligere)입니다. 하나님을 사랑하지 않는다면 인간은 참된 쉼과 행복을 누릴 수 없습니다. 그리스도께서는 이렇게 말씀하셨습니다.

"… 이스라엘아 들으라 주 곧 우리 하나님은 유일한 주시라 네 마음을 다하고 목숨을 다하고 뜻을 다하고 힘을 다하여 주 너의 하나님을 사랑하라 하신 것이요."(막 12:29~30).

사랑은 곧 누림입니다. 인간 밖에 존재하는 모든 것은 누려야 할 대상(res fruendi)과 누리기 위해서 사용해야 할 대상(res utendi)으로 나눌 수 있습니다. 인간이 참으로 누려야 할 대상은 잠시 있다가 사라지는 것들, 언젠가 사라질 것들이어서는 안 됩니다. 사랑할 대상이 사라졌는데도 사랑이 남아 있다면, 그것은 고통입니다. 사랑하는 대상이 남아 있다고 해도 그 사랑이 하나님을 향하지 않는다면, 그것 또한 그를 끊임없이 불안하게 할 것입니다. 무(無)에서 창조된 것은 시간의 흐름에 따라 결국 소멸할 것이기 때문입니다. 하나님께서 영원하도록 지정하신 것 외에는 모두 그러합니다. 아우구스티누스의 말처럼 "공간은 우리에게 사랑할 대상을 제시하지만 시간은 그것을 빼앗아" 버립니다.[3]

궁극적인 사랑의 대상은 오직 하나님뿐입니다. 신앙의 지혜는 사물의 외관적인 아름다움을 넘어 영원한 아름다움이신 하나님을 보는 것입니다. 그래서 아우구스티누스는 다음과 같은 고백을 합니다. "늦게야 당신을 사랑했나이다. 이처럼 오래된, 그러나 새로운 아름다움이시여, 이제야 당신을 사랑했사옵나이다."[4]

하나님 이외의 모든 것은 즐거워해야 할 대상이 아니라 하나님을

---

[3] *"Loca offerunt quod amemus, tempora surripiunt quod amamus"*(35.65). Avrelivs Avgvstinvs, *De vera Religione*, in *Corpvs Christianorvm Series Latina XXXII: Avrelii Avgvstini Opera*, Pars IV, 1 (Tvrnholti: Typographi Brepols Editores Pontificii, 1962), 230.

[4] *"Sero te amaui, pulchritudo tam antiqua et tam noua, sero te amaui!"*(10.27.38). Avrelivs Avgvstinvs, *Confessiones*, in *Corpvs Christianorvm Series Latina XXVII: Avrelii Avgvstini Opera* (Tvrnholti: Typographi Brepols Editores Pontificii, 1996), 103.

누리기 위하여 사용해야 할 것들입니다. 다만 사람을 향한 사랑이 이러한 누림 안에 있을 때, 인간 또한 누림의 대상이 됩니다. 나머지 사물들은 누려야 할 대상이 아니라 올바르게 사용해야 할 것들입니다. 그런데 인간이 하나님보다 자기를 더 사랑하게 되면 사용해야 할 사물을 오히려 누리려 합니다. 하나님 - 인간 - 만물이라는 존재의 질서가 욕망 때문에 임의로 전복되는 것입니다. 이렇게 인간의 자의에 의해서 전도(轉倒)된 사랑의 질서를 따르는 것에서부터 온갖 악이 나옵니다(아 2:4). "내 안에 사랑을 질서롭게 하소서."5)

인간의 구원 : 사랑의 완성

하나님을 기억하고, 알아가고, 사랑하는 것이 인간의 가장 큰 의무입니다. 그러나 죄를 범하여 타락한 인간은 이 의무를 이룰 수 없게 되었습니다. 그래서 하나님께서는 인간을 구원하여 그에게 영생을 주십니다. 그로 인하여 인간은 참인간다운 삶을 살아갈 수 있게 됩니다. 영생의 의미와 도구는 다음과 같습니다.

---

5) "내가 보기에 덕에 관한 간결하고도 참된 정의는 '올바르게 질서 지워진 사랑이다'. 왜냐하면 아가서에서 그리스도의 신부, 곧 하나님의 도성(civitas Dei)이 이렇게 노래하고 있기 때문이다. '내 안에 사랑을 질서롭게 하소서(Ordinate in me caritatem).'"(15.22). Avrelivs Avgvstinvs, *De Civitate Dei*, in *Corpvs Christianorvm Series Latina XLVIII: Avrelii Avgustini Opera*, pars XIV, 2 (Tvrnholti: Typographi Brepols Editores Pontificii, 1955), 488.

영생의 의미

예수 그리스도를 믿는 자에게는 영생(ζωή αἰώνιος, 永生)이 있습니다(요 3:36). 하나님께서 이 세상에 아들을 보내신 것은 그를 믿는 자에게 영생을 주시기 위함이었습니다(요 3:16). 이것이 인간의 유일한 소망이자 하나님께서 구원받은 자들에게 주시는 놀라운 복입니다. 영생의 의미를 더 구체적으로 이해하려면 다음 사실을 숙고하는 것이 좋습니다.

고유한 의미 : 영원히 사는 것

고유한 의미에서 영생은 영원히 사는 것입니다. 그렇지만 단지 시간 안에서 영원히 존재하는 것을 의미하지는 않습니다. 인간은 타락으로 인하여 창조 당시의 완전함을 상실했기 때문입니다. 생기 잃은 영혼과 늙고 병든 육체로 무한히 사는 것이 행복일 수 없습니다. 이것은 진정한 의미의 영생이 아닙니다.

적용한 의미 : 하나님과 교통하는 것

적용한 의미에서 영생은 영원히 살되 다른 존재 방식으로 사는 것을 말합니다. 하나님께서는 창조 세계를 다스릴 대리자로 인간을 택하셨습니다. 그리고 이 세상을 돌보는 데 활용하도록 땅의 자원을 처분하고 사용할 수 있는 권세를 주셨습니다(창 1:28). 그러나 창조의 목적에 따라 살아가려면 땅의 자원뿐 아니라 하늘에서 공급하는 자원도 필요합니다. 땅의 자원이 먹고 입고 마시는 지상의 사물이라면, 하늘의 자원은 진리로서 영혼과 정신, 마음의 양식을 말합니다. 그리고 이것들은 모두 하나님에게서 옵니다. 전자는 간접적으로, 후자는 직접적으로 주십니다. 영생은 이렇게 생명이신 하나님과의 교통 안에서 신자가 지상과 천상에 속한 자원들을 공급받으면서 사는 생명적인 관계입니다. 이 일을 위해서는 삼위 하나님과 친밀한 교제 속에서 살아가야 합니다.

'생명'은 모든 피조물을 피조물답게 살게 하는 힘입니다. 인간에게는 육체뿐 아니라 영혼을 살아가게 하는 힘도 필요합니다. 육체를 위해서 육적 생명이 필요한 것처럼, 영혼을 위해서는 영적 생명이 필요합니다. 이 두 생명을 충만히 소유할 때 인간은 참인간다운 삶을 영위할 수 있습니다.

하나님께서 신자에게 공급해주시는 천상의 자원은 생명과 사랑입니다. 생명은 타자와 올바른 관계를 이루며 살게 하는 힘을 줍니다. 영적 생명이 충만할 때 인간은 깨어질 수밖에 없는 관계를 보듬고 살아갑니다. 미워할 수밖에 없는 사람을 사랑하며 그 관계를 소중히 여깁니다. 영적 생명의 관계적 국면이 '사랑'입니다.

하늘에서 부어주시는 생명과 사랑이 영생의 본질입니다. 인간답게 살게 하는 하늘 자원을 하나님께 공급받는 삶이 영생입니다. 그래서 영생의 적용한 의미의 핵심은 삼위 하나님과의 교통을 통한 자원의 공급입니다.

영생의 도구

예수님께서는 영생에 대해 이렇게 말씀하셨습니다.

"영생은 곧 유일하신 참 하나님과 그가 보내신 자 예수 그리스도를 아는 것이니이다"(요 17:3).

이 가르침은 영생의 핵심이 하나님과 그리스도에 대한 앎이라는 사실을 말합니다. 하나님을 아는 지식은 신약 시대에 와서 예수 그리스도를 아는 것으로 전환되었습니다. 하나님이 누구신지 희미하게 보여 주던 구약의 증거가 예수 그리스도 안에서 명백해졌기 때문입니다(롬 1:2, 16:26). 그리스도를 아는 지식이 곧 하나님을 아는 지식입니다(빌 3:8).

여기서 '안다'는 것은 단지 지식적으로만 아는 것을 가리키지 않습니다. 자신의 전 인격적 경험으로 아는 것을 뜻합니다(시 34:8). 경험을 동반한 이 지식 안에는 항상 사랑이 포함되어 있습니다. 지식과 사랑은 하나입니다. 하나님을 아는 사람은 그분을 사랑하게 되고, 그분을 사랑하는 사람은 그분을 알게 됩니다. 아는 것 없이는 그분을 사랑할 수 없고, 사랑하는 자가 아니면 그분을 알 자가 없습니다. 그리고 그 사랑이 참사랑이면 그것은 곧 지식이고, 그 지식이 참 지식이면 그것은 곧 사랑입니다. 중세의 신학자 베르나르두스(Bernardus Claravalensis, 1090~1153)가 "사랑 그 자체는 앎이다(*amor ipse, notitia est*)"라고 말한 것도 바로 이 때문입니다.6)

하나님에 대한 지식과 사랑의 풍성함에 따라 우리는 영생을 누립니다. 하나님께서는 중생(重生)을 통해 인간 안에 하나님에 대한 지식

---

6) Bernard of Clairvaux, *Sermones de Diversis*, in *Patrologia Latina, Curcus Completus*, vol. 183, ed. J. P. Migne (Paris: Imprimerie Catholique, 1862), 620.

과 사랑을 심으십니다. 그럼으로써 영생은 시작됩니다. 그리고 성화(聖化)는 그 지식과 사랑의 성장입니다. 신자는 진리를 통하여 하나님에 대해 알게 되고, 하나님을 알게 하는 은혜를 경험할 때 하나님을 사랑하게 됩니다. 우리가 이 세상에서 성화에 힘쓰는 것도 하나님을 더 많이 알고 사랑하기 위해서입니다.

구원 서정의 마지막 단계인 영화(榮化)는 그리스도에 대한 지식과 사랑의 정점입니다. 물론 영화 이후에 천국에서도 하나님에 대한 지식과 사랑은 성장하겠지만, 신자의 지상에서의 경험에서 볼 때 영화는 이제까지 알던 지식과 사랑의 극치가 될 것입니다.

맺는말

인간은 타락함으로써 하나님께 향해야 할 사랑의 방향을 자신에게로 돌렸습니다. 그로 인하여 하나님께서 의도하신 인간으로 살아갈 능력을 잃어버렸습니다. 비록 양심과 본성의 빛으로 도덕적인 삶을 살아간다고 해도 하나의 우주적인 사랑 안에서 하나님을 향해 사는 삶은 불가능하게 되었습니다. 마땅히 사랑해야 할 하나님 대신 자기 자신을 사랑한 결과, 인간은 허무한 데 굴복하고 "육신의 정욕과 안목의 정욕과 이생의 자랑"에 빠지게 되었습니다(롬 8:20, 요일 2:15~16).

인간은 하나님께서 주신 사랑의 본성으로 인하여 참다운 사랑의 대상을 늘 갈망합니다. 그러나 아무리 노력해도 영혼의 허기짐과 굶

주림을 피할 수 없었습니다. 그런 인간을 위해 하나님께서는 예수 그리스도를 이 세상에 보내셨습니다. 그분을 믿음으로써 인간은 하나님과 생명적인 관계, 곧 사랑의 관계를 회복하여 다시 하늘 자원을 누리며 살 수 있는 존재가 되었습니다. 그때 비로소 인간은 숙명처럼 자신을 짓누르던 공허함을 극복할 수 있습니다.

"예수를 너희가 보지 못하였으나 사랑하는도다 이제도 보지 못하나 믿고 말할 수 없는 영광스러운 즐거움으로 기뻐하니 믿음의 결국 곧 영혼의 구원을 받음이라"(벧전 1:8~9).

Study Guide

내용 이해를 위한 토의

1. 인간의 의무는 하나님을 기억하고, 알아가고, 사랑하는 것입니다.
   - 인간의 영혼 안에 있는 창조주에 대한 기억의 씨의 유익과 한계점은 무엇입니까?
   - 하나님을 아는 지식은 구체적으로 무엇을 뜻하며, 그것이 인간에게 필요한 이유는 무엇입니까?
   - 인간이 하나님을 가장 분명하게 알게 되는 길은 무엇입니까?
   - 인간의 행복이 하나님을 사랑하는 데 있는 이유는 무엇입니까?

2. 하나님께서는 인간에게 영생을 주심으로써 창조의 목적대로 살게 하십니다.
   - 영생의 고유한 의미는 무엇이며, 그것이 영생의 진정한 의미가 아닌 이유는 무엇입니까?
   - 영생의 적용한 의미는 무엇이며, 그것을 이해할 때 인간은 마땅히 어떤 삶을 살아야 합니까?
   - 우리로 하여금 영생을 충만하게 누리며 살아가게 하는 도구 두 가지는 무엇입니까? 그 둘 사이에는 어떤 관계가 있습니까?

적용과 실천을 위한 나눔

1. 하나님을 기억해야 할 의무가 신자에게 적용될 때 그가 특별히 기억해야 할 것은 하나님의 구원의 은혜 곧 십자가입니다. 우리 중 누구도 십자가가 무엇인지 알지 못하는 사람은 없습니다. 그렇지만 매일을 십자가의 감격 속에 사는 사람은 드뭅니다. 우리로 하여금 십자가의 은혜 안에 머물며 살지 못하게 하는 것은 무엇이며, 우리가 십자가의 은혜에 붙들려 있기 위해서는 어떻게 해야 하는지 나누어봅시다.

2. 우리의 사랑은 그 대상이 무엇이든지 간에 궁극적으로는 하나님을 더 사랑하게 하는 데로 나아가야 합니다. 지금 당신이 가장 소중하게 생각하는 것, 가장 사랑하는 것은 무엇입니까? 그 사랑이 하나님을 더욱 사랑하도록 하고 있습니까?

Chapter 3

신자의 특별한 삶

신자답게 하는 세 요소

하나님께서는 사람들이 사랑 안에서 살기를 원하셨습니다. 온 인류가 성령 안에서 한 사랑으로 교통하며 서로가 서로에게 "이는 내 뼈 중의 뼈요 살 중의 살이라"고 고백하기를 바라셨습니다(창 2:23). 그러나 아담과 하와의 범죄로 사랑의 연합은 깨어졌습니다(창 3:12). 인간 사이의 사랑만 깨어진 것이 아닙니다. 인간과 하나님의 사랑도, 인간과 다른 피조물의 올바른 관계도 깨어졌습니다(창 3:10~19).

예수 그리스도께서는 이것을 회복하기 위해 오셨습니다. 그분은 단지 천국 가는 입장권을 주기 위해 오신 것이 아닙니다. 타락하여 잃어버린 창조의 목적, 곧 모든 사람이 이웃을 "내 뼈 중의 뼈요 살 중의 살"로 여기며 사랑하는 사회가 되게 하기 위해 오셨습니다. 이것은 예수 그리스도의 말씀을 통해서도 분명히 드러납니다.

"둘째도 그와 같으니 네 이웃을 네 자신같이 사랑하라 하셨으니"(마 22:39).

"축사하시고 떼어 이르시되 이것은 너희를 위하는 내 몸이니 이것을 행하여 나를 기념하라 하시고"(고전 11:24).

이는 이미 구약 시대에 주어진 하나님의 뜻입니다.

"원수를 갚지 말며 동포를 원망하지 말며 네 이웃 사랑하기를 네 자신과 같이 사랑하라 나는 여호와이니라"(레 19:18).

하나님의 나라가 완성된 상태에서는 모든 사람이 서로를 완전하게 사랑할 것이며, 인간은 자연적 피조물을 선의로 대할 것입니다. 그리고 그것은 하나님을 더욱 사랑하게 할 것입니다.

그러나 구원받은 자들도 여전히 죄의 영향력 아래에서 살아갑니다. 신자 안의 죄성은 늘 그의 영혼의 순전함을 위협하며(롬 6:14), 영혼의 완전함을 잃어버리게 합니다. 중생과 함께 받아들인 사랑의 질서를 따라 살지 못하게 합니다(히 3:8, 12:3). 신자에게 끊임없는 진리의 빛과 은혜의 불이 필요한 이유가 여기에 있습니다. 신자는 진리에 비추어 자신의 삶을 돌아보고 회개해야 합니다. 그리고 영혼과 마음이 쇄신되어야 하며, 하나님에 관한 지식을 발견함으로써 새 삶을 살아가야 합니다. 이렇게 될 때 비로소 그는 신자답게 살 수 있습니다.

회개

첫째로, 회개(conversio)를 통해 신자다워집니다. 신자의 삶에서 회개는 필수적입니다. 우리에게는 여전히 옛 사람의 성품이 남아 있기 때문입니다.

하나님은 거룩하신 분이시기에 죄를 사랑하는 자와 교통하실 수 없습니다. 죄를 사랑하는 자는 하나님께 하늘 생명과 사랑을 공급받지 못합니다. 그로 인하여 그는 하나님의 도덕적 통치를 이 땅에 구현하지 못할 뿐 아니라 영생의 복을 풍성히 누리지 못합니다(롬 6:12, 약 1:15). 하나님의 도덕적 통치를 구현하며 살아가는 삶의 가장 큰 방해물은 신자 안의 옛 사람의 성품입니다(엡 4:22).

신자는 자신 안의 부패한 본성을 죽이고 매일 새로워져야 합니다(고전 15:31). 성경이 신자의 삶을 전투적으로 표현한 것도 바로 이 때문입니다(롬 7:21~23). 그러나 그 전투는 결정적으로 승부가 갈린 전투입니다. 이미 승전보가 전해진 상태에서 잔존하는 죄의 영향력과 벌이는 전투입니다. 회개는 그 전투에서 마지막까지 발악하는 죄성을 물리치는 일격입니다.

회개는 단지 자신이 지은 죄를 슬퍼하는 것에서 그치지 않습니다. 그 죄에서 돌이키는 것까지를 포함합니다. 죄를 사랑하고 하나님을 대적하던 자신을 미워하는 것입니다. 더 나아가 다시 하나님 사랑으로 돌아가고 하나님을 의존하게 합니다. 이것이 회개입니다.[1]

회개를 통해 인간의 영혼은 순수한 지성을 갖게 됩니다. 그래서 참으로 사랑해야 할 것과 단지 사용해야 할 것들을 바르게 분별하게 됩

---

[1] 회개에 항상 자기 깨어짐이 동반되는 것도 바로 이 때문이다. 자기 깨어짐이란 신자 안에 있는 부패한 자기 사랑이 파괴되는 것이다. 이는 곧 죄에 대한 사랑과 자기 의(自己義)에 대한 신뢰가 파괴되는 것을 의미한다. 김남준, 『자기 깨어짐』 (서울: 생명의말씀사, 2006), 35.

니다. 그때 그는 감각적 사물의 아름다움에 매이지 않고 하나님의 아름다움을 바라볼 수 있게 됩니다(시 27:4). 무엇이 영원히 가치가 있는 것이고, 그렇지 않은 것인지를 판단할 수 있게 됩니다. 가치 없는 것을 추구하려던 마음을 버리고 가치 있는 것을 추구할 수 있게 됩니다(엡 4:22~24). 이처럼 신자는 회개를 통해 하나님께 돌이킴으로써 자기 안에 잘못 형성된 사랑의 질서를 올바르게 재편합니다.

쇄신

둘째로, 쇄신(renovatio)을 통해 신자다워집니다. 쇄신은 진리의 말씀과 성령의 작용으로 신자 안에 있는 더러운 것들이 떨어져 나감으로써 영혼과 마음이 새롭게 되는 것을 말합니다.

우리는 중생 곧 첫 회심의 때에 죄의 용서에 대한 확신, 하나님의 사랑에 대한 감각, 하나님의 영광을 사모하는 마음이 깨어나는 것을 경험합니다. 중생이 영혼에 미친 효과가 의식(意識) 속에서 경험되는 것이 영적 쇄신입니다. 영적 쇄신은 이러한 중생의 효과가 우리 마음 안에서 능력 있게 작용하게 합니다. 죄로 인해서 둔해진 신령한 영적 감각이 다시 살아나게 합니다.

신자에게 쇄신이 없다면 그는 눈에 보이는 사물을 계속 사랑함으로써 창조의 목적에서 이탈하게 될 것입니다. 그렇기 때문에 신자는 날마다 쇄신되어야 합니다. 쇄신에 대해 더 깊이 알려면 다음의 사실을 숙고해야 합니다.

순결과 사랑의 획복

먼저 영혼의 쇄신을 통해서 경험하게 되는 효과입니다. 영혼이 쇄신됨으로써 신자의 영혼은 순결을 회복하게 되고 하나님의 사랑에 감격하게 됩니다.

소극적으로 쇄신은 영혼의 불결을 떨쳐내어 순결을 회복하게 합니다(행 2:46). 영혼의 존재 목적은 두 가지입니다. 하나는 육체를 살아 있게 하기 위함이고, 다른 하나는 참인간으로 살아가게 하기 위함입니다. 그럼으로써 하나님 안에서 지복(至福)을 누리게 하십니다. 영혼이 고유한 목적에 따라 최고도로 기능하고 작용할 때 인간은 가장 행복한 삶을 살 수 있습니다(신 10:13, 33:29). 그러나 영혼의 이러한 작용은 신자 안에 있는 죄로 인하여 방해를 받습니다(롬 2:9, 7:24, 계 3:17). 그래서 신자는 수시로 영혼의 불결을 털어내고, 그것들에서 분리되는 회개와 쇄신을 경험해야 합니다(행 17:30).

적극적으로 쇄신은 인간의 영혼이 하나님의 사랑에 붙들리게 합니다. 이것은 곧 성령 안에서, 그리스도를 통하여, 삼위 하나님의 사랑에 감화되는 것을 의미합니다. 사랑의 감화를 받을 때 인간의 선한 의지는 불러일으켜지고 기쁨으로 하나님을 섬기게 됩니다(계 3:19).

하나님을 사랑하던 경건한 사람들을 보십시오. 고난과 시련 속에서 그들을 행복하게 한 것은 무엇이었습니까? 비참과 억압 속에서 그들을 진정으로 행복하게 한 것은 영혼의 쇄신이었습니다.

"주의 증거들은 나의 즐거움이요 나의 충고자니이다 내 영혼이 진토에 붙었사오니 주의 말씀대로 나를 살아나게 하소서"(시 119:24~25).

고난의 골짜기를 지나던 시인은 또한 이렇게 노래합니다.

"내 영혼을 소생시키시고 자기 이름을 위하여 의의 길로 인도하시는도다"(시 23:3).

쇄신된 마음은 말씀의 은혜로 사랑의 감화를 경험하게 하고, 쇄신이 없으면 불가능했을 올바른 사랑의 질서를 받아들이게 합니다. 신자의 영혼이 날마다 쇄신되는 것이 삼위 하나님과의 교제를 풍성히 누리며 살아가는 비결이라는 사실은 아무리 강조해도 지나침이 없습니다(행 3:19, 롬 12:2, 엡 4:23).

쇄신과 영혼의 아름다움

다음으로 쇄신과 영혼의 아름다움입니다. 쇄신은 영혼을 더욱 아름답게 합니다. 신자는 회개와 쇄신을 통해서 자신 안의 불결한 것을 떨쳐버리고 하나님을 더욱 사랑하게 됩니다. 그 결과 그의 삶은 거룩해지고, 그의 영혼은 아름다움을 회복합니다(마 3:8, 행 2:38, 11:18).

인간 존재의 아름다움은 영혼과 정신의 아름다움입니다. 물론 이 세상에서 하나님의 창조 목적을 구현하려면 반드시 육체가 필요합니다. 우리는 육체 없이 영혼만 있는 존재를 인간이라고 부르지 않습니다. 그렇지만 지금의 육체는 벗어버릴 육체로서 잠시 있다가 사라지는 장막과 같습니다(고후 5:1). 우리는 하나님의 창조 목적이 모두 완성되는 그날에 죄와 부패, 결핍과 고통에 종속되지 않는 영원하고 완전한 육체를 덧입을 것입니다(고후 5:2). 그래서 하나님께서는 잠시 있다 사라질 장막인 육체보다 영혼의 아름다움에 더 주목하십니다(삼상 16:7). 영혼이 아름답다는 것은 그의 마음이 하나님을 향한 지순의 사랑으로 충만하게 된 것을 말합니다.

하나님께서는 신자의 영혼이 처음 창조했을 때의 아름다움으로 회복되기를 원하십니다(롬 8:22). 그래서 쇄신의 은총을 구하는 모든 자에게 자비를 베푸십니다(시 69:32~33). 하나님의 뜻을 따라 살 수 있는 의지를 주십니다(딤전 1:12). 그들은 하나님을 사랑하고 그분의 창조 목적에 순종하며 살고 싶어 하는 사람들이기 때문입니다.

발견

셋째로, 발견(*inventio*)을 통해 신자다워집니다. 발견은 하나님에 대한 지식을 새롭게 알게 되는 것을 가리킵니다. 신자는 하나님을 아는 지식을 발견함으로써 참신자다워집니다(전 7:27, 행 10:34~35).

모든 지식은 하나님을 알아가기 위한 것입니다. 인간은 하나님으로 인해 존재하게 된 것들을 통해 하나님을 알아가야 합니다. 기독교의 지성은 만물에 관한 모든 지식 안에서 하나님의 아름다운 성품을 발견하게 합니다. 기독교는 성경만이 삶과 행위의 기준이 된다고 믿습니다(딤후 3:15~17). 그러나 만물에 관한 모든 지식이 올바른 관점에서 해석된다면 신자는 성경을 더욱 신뢰하게 될 것입니다. 그래서 성경 밖의 지식은 성경의 해석, 정확하게 말하면 하나님의 해석을 기다리고 있습니다.

하나님을 향한 지식이 깊어질수록 인간은 창조의 목적을 더욱 잘 이해하게 됩니다. 그래서 인간은 끊임없이 하나님을 아는 지식에서 자라가야 합니다. 이를 위해서는 두 가지 어둠과 싸워야 합니다. 곧 주관적인 어둠과 객관적인 어둠입니다.

주관적인 어둠은 죄인의 죄 된 경향성 때문에 생겨난 것이고(마 6:23~24), 객관적인 어둠은 하나님의 말씀에 대한 무지에서 비롯된 것입니다(시 119:18, 롬 13:12, 엡 5:11). 다시 말하면 전자는 죄를 사랑하기 때문에 겪는 영혼의 어둠이고, 후자는 지식의 부족 때문에 갖게 되는 지성의 어둠입니다.

시골을 거닐던 여행자가 길가에 있는 밭에서 사과를 따 먹었다고 가정해 봅시다. 만약 그가 그것이 잘못인지 몰라서 그런 행동을 했다면 그는 객관적인 어둠의 상태에 있는 것입니다. 그렇지만 도둑질인 줄 알면서도 하고 싶어서 그렇게 했다면 그는 주관적인 어둠에 있는 것입니다. 결국 객관적인 어둠은 판단의 무지로 인한 것이고, 주관적인 어둠은 죄에 대한 사랑 때문입니다.

영혼의 주관적 어둠과 객관적 어둠 때문에 인간은 하나님 앞에 나아가고자 해도 그렇게 할 수 없는 속박에 갇히게 됩니다. 그리고 자기를 창조하고 이 세상을 맡기신 하나님의 계획에 따라 살 수 없게 됩니다. 그러므로 신자는 한편으로는 진리에 대한 탐구를 통해서, 또 다른 한편으로는 죄에 대한 사랑을 버림으로써 끊임없이 어둠에서 벗어나야 합니다. 그리하여 자신이 어둠이 아닌 빛에 속한 자녀임을 증명해야 합니다(엡 5:8).

이 두 가지 어둠과 싸워 발견해야 하는 하나님에 대한 지식은 사색으로는 찾을 수 없습니다. 성경을 믿음으로써, 그리스도를 만남으로써 얻을 수 있습니다(행 3:18, 롬 1:17). 진리는 곧 영원히 살아 계신 예수 그리스도이시기 때문입니다(요 14:6). 그러므로 신자는 끊임없이 진리이신 그리스도께 발견됨으로써 진리를 찾아가고, 그 진리와 자신의 존재를 일치시킴으로써 진실한 삶을 살아가야 합니다(빌 3:8).

교회의 지체로 사는 삶

하늘 생명과 사랑을 충만히 공급받아 창조의 목적에 따라 사는 사람이 신자입니다. 하나님께서는 인간을 구원한 후 혼자 두지 않고 교회의 지체가 되게 하십니다(롬 12:5). 신자는 거듭남과 동시에 교회에 접붙여져 교회 공동체 안에서 그리스도의 몸을 이룹니다(엡 3:6, 4:16, 25).

그리스도의 몸을 세움

신자는 교회의 지체 됨을 통해 그리스도의 몸을 세워갑니다(엡 4:12, 고후 13:9). 하나님께서는 신자를 개인으로가 아니라 공동체를 통해서 부르셨습니다(골 3:15). 예수 그리스도께서 제자들에게 기도를 가르쳐 주시며 창조주 하나님을 "하늘에 계신 우리 아버지"라고 부른 것도 이러한 영적 공동체성을 염두에 두셨기 때문입니다(마 6:9).

신자는 그리스도 예수의 몸에 접붙여진 다른 지체와 함께 공동체로서 영생을 누립니다. 그럼으로써 자신도 온전한 신자가 되어가고, 그리스도의 몸인 교회도 온전하게 세워져 갑니다(엡 2:22). 모든 신자는 하늘에서 공급하는 자원을 통해 교회의 부족한 부분을 채워가고, 허물이 되는 부분은 온전해지도록 힘씀으로써 교회를 세워 갑니다.

그래서 하나님께서는 그리스도와의 연합 안에서 살아가는 신자에게 많은 자원을 공급하십니다. 그것은 단지 자신의 유익을 위해서 사용하라고 주신 것이 아닙니다. 그 자원은 교회를 바르게 세우기 위해 사용되어야 합니다(고전 12:4~11). 그러한 자원 중 하나가 은사입니다. 하나님께서는 각 사람에게 다양한 은사를 주십니다. 이것은 교회와 세상을 위해 주신 것입니다. 교회를 위해 사용하여 교회를 바로 세워가고, 나의 것으로 모든 이웃이 유익을 누리게 하기 위해 주신 것입니다. 그러므로 신자는 자신의 은사로 교회를 섬기는 데 인색하거나 소홀해서는 안 됩니다.

신자는 그리스도의 지체가 됨으로써 자기를 창조하고 구원하신 하나님의 계획을 교회 안에서 공동체적으로 실현하게 됩니다(롬 12:4, 11). 교회를 향한 그리스도의 사랑을 통해 자신을 향한 삼위 하나님의 사랑을 배우고, 교회의 목양을 통해 창조의 목적에 따라 진실한 신자로 살아가는 방법을 배웁니다(고전 4:16, 11:1). 묘목과 같은 자들이 교회라는 산속에서 온갖 돌봄을 받으며 거목으로 자라는 것입니다(빌 1:25). 이처럼 교회는 이미 구원받았으나 아직 온전하게 되지 못한 신자를 온전함에 이르도록 보양합니다(고전 12:25). 이는 각자를 부르신 자리에서 창조의 목적에 따라 살게 하기 위함입니다. 그때 교회도 온전히 세워져 가고 신자도 자신의 존재 목적을 이루게 됩니다.

사랑 안에서 자라감

신자는 교회의 지체 됨을 통해 사랑 안에서 자라갑니다(빌 1:9). 하나님은 사랑이십니다(요일 4:16). 하나님의 사랑은 아들인 그리스도에게 부어졌고, 그 사랑은 그리스도의 신부인 교회에 부어집니다(사 62:5, 계 21:2, 9). 그리고 그것을 교회의 지체가 된 우리가 누리는 것입니다.

신자는 하나님의 사랑을 아는 것에서 자라가야 합니다. 하나님의 풍성한 사랑 안에 거할 때 그는 하나님의 말씀을 배우기에 가장 적합한 상태가 됩니다. 그래서 하나님의 사랑 안에 있는 신자에게는 "아, 그거였구나! 하나님이 이것을 원하셨구나!"라는 깨달음이 있습니다. 물론 뼈저린 회개가 동반될 때도 있고, 감사의 찬송이 우러날 때도 있습니다. 그렇지만 하나님을 사랑하는 신자에게는 항상 하나님의 뜻에 대한 깨달음이 있습니다. 이것이 말씀을 통해 하나님의 지혜를 깨달아가는 과정입니다.

교회는 하나님의 사랑과 지혜로 인간을 가르치고 돌보는 곳입니다. 신자는 교회에 나올 때마다 하나님의 사랑을 깊이 깨달아야 하며, 자신이 하나님을 사랑하지 않았는지에 대해서 회개해야 합니다. 또한 교회는 순수한 진리를 선포하여 신자가 하나님의 뜻을 분명히 알게 하여야 합니다. 이처럼 교회는 이 땅에 하나님의 사랑과 지혜를 보여주어야 합니다(엡 5:8, 빌 2:15).

맺는말

신자는 특별한 사람입니다. 그는 인간의 힘으로는 벗어버릴 수 없는 죄의 굴레에서 벗어난 사람입니다. 신자는 회개함으로써 자기 안의 옛 사람을 죽이고 새사람을 살립니다. 자기중심의 삶에서 돌이켜 하나님 중심의 삶을 삽니다. 또한 신자는 영혼과 마음이 쇄신됨으로써 죄에 대해 순결해지고, 사랑의 감화를 받음으로써 하나님을 향해 살아가게 됩니다. 이러한 모든 과정을 통해서 하나님이 누구신지를 알아갑니다. 신자는 하나님의 성품과 시행 방식에 대해 배움으로써 인간의 위치가 어디이고 인간의 본분이 무엇인지를 자신의 온 삶으로 배워갑니다.

그렇지만 신자의 이러한 삶은 홀로 이루는 것이 아닙니다. 그는 그리스도의 지체가 된 다른 이들과 함께 교회 안에서 하나님을 알아갑니다. 그 앎을 소유함으로써 그리스도의 몸을 세워가고 하나님의 사랑 안에서 자라갑니다. 그럼으로써 자신의 존재 목적을 성취합니다.

신자는 참으로 행복한 사람입니다. 그는 영혼이 아름다운 사람으로 하나님께서 그와 함께하시기 때문입니다.

"내가 항상 주와 함께하니 주께서 내 오른손을 붙드셨나이다 주의 교훈으로 나를 인도하시고 후에는 영광으로 나를 영접하시리니 하늘에서는 주 외에 누가 내게 있으리요 땅에서는 주밖에 내가 사모할 이 없나이다 내 육체와 마음은 쇠약하나 하나님은 내 마음의 반석이시요 영원한 분깃이시라"(시 73:23~26).

제1장 사랑, 삼위의 교통 | Chapter 3. 신자의 특별한 삶

Study Guide

내용 이해를 위한 토의

1. 신자 안의 죄성은 영생을 풍성히 누리지 못하게 합니다.
   - 회개란 무엇이며, 우리가 회개해야 하는 이유는 무엇입니까?
   - 쇄신이란 무엇이며, 신자가 날마다 쇄신되어야 하는 이유는 무엇입니까?
     - 영혼의 쇄신을 통해서 경험하게 되는 효과는 무엇입니까?
     - 쇄신과 영혼의 아름다움 사이에는 어떤 관계가 있습니까?
   - 신자가 하나님에 대한 지식을 발견함으로써 얻게 되는 변화는 무엇이며, 그 지식에서 자라가기 위해 싸워야 할 두 가지 어둠은 무엇입니까?

2. 영생을 누리는 신자는 교회의 지체로서 두 가지 실천적인 삶을 요구받습니다.
   - 그리스도의 몸을 세운다는 의미는 무엇이며, 그 일을 위해 신자에게 무엇이 요구됩니까?
   - 하나님에 대한 사랑이 자라가는 것과 하나님의 지혜를 깨닫는 것 사이에는 어떤 관계가 있습니까?

적용과 실천을 위한 나눔

1. 신자는 하나님을 아는 지식에서 자라가기 위해 두 가지 어둠과 싸워야 합니다. 주관적 어둠과 객관적 어둠은 각각 무엇이며, 우리가 어떻게 해야 이 두 어둠을 물리치고 하나님을 아는 지식에서 자라갈 수 있을지 나누어봅시다.

2. 하나님께서 신자에게 주신 자원은 단지 신자 자신만의 유익을 위해서가 아닙니다. 그것은 교회를 바르게 세우기 위해 사용되어야 합니다. 그러한 자원 중 하나가 은사입니다. 은사는 하나님께서 개인을 위해서 주신 것이 아니라 공동체를 위해 주신 것입니다. 자신에게 있는 은사는 무엇이며, 그것으로 어떻게 교회를 섬길 수 있을지 나누어봅시다.

제 2 장

교회, 삼위 교통의 모상

ecclesia, imitatio Trinitatis

교회는 삼위 하나님의 교통의 모상입니다. 모상이라는 말은 '베낀 것', '본뜬 것', '비추인 모형'이라는 뜻입니다(수 22:28, 롬 5:14). 교회의 공동체 됨은 세 위격으로 사랑 안에서 교통하시는 하나님을 본떴습니다. 그래서 신자는 교회 안의 다른 지체와 이웃을 사랑하도록 부름받은 존재입니다.

Chapter 1

삼위 하나님과 교회

삼위가 함께 세우신 교회

하나님께서는 삼위로 존재하지만 이 세상에 경륜을 펼치실 때는 언제나 함께 일하십니다(요 1:1, 5:19, 8:16, 29). 세상을 창조하실 때도 그러했습니다. 세상은 성부에 의하여, 성자를 통하여, 성령 안에서 창조되었습니다(창 1:1~2, 요 1:1).

인간을 구원하실 때에도 마찬가지입니다. 인간의 구원은 성부께서 계획하셨고, 성자의 희생 사역으로 이루어졌습니다. 그리고 성령 안에서 신자에게 적용됩니다(눅 23:34, 요 3:16, 롬 5:5).

이러한 사실은 교회를 세우실 때에도 동일하게 나타납니다. 교회의 머리는 예수 그리스도이지만 교회를 세우시고 교회가 참다운 교회가 되도록 하는 데에는 성부, 성령께서도 함께하십니다. 이러한 사실을 이해하기 위해서는 다음 사항을 숙고해야 합니다.

구원하시는 성부 : 사랑

첫째로, 교회의 설립을 계획한 분은 성부이십니다. 하나님은 인간의 구원을 계획하셨을 뿐만 아니라 실제 시간 안에서 각 사람을 중생하게 하십니다(요 5:26). 구원에서 성부는 수여적(授與的) 원인이십니다(벧전 1:3).

하나님께서 지정하신 자리를 떠나 창조의 목적을 저버린 것은 용서받을 수 없는 큰 죄였습니다. 하나님의 영광으로 충만했던 세계는 인간의 죄로 인해 파괴되었고, 창조 시의 아름다운 광휘도 사라졌습니다(창 3:14, 17~18). 인간 역시 만물을 다스릴 아름다운 지위와 본래의 충만한 영광을 잃어버렸습니다(창 3:24). 이 모든 원인이 죄였기에 인간은 하나님의 진노 아래 있었습니다(롬 1:18, 엡 2:3).

그러나 성부 하나님께서는 구원의 길을 마련하셨습니다. 그것은 사랑 때문이었습니다(요 3:16). 죄는 미워하지만 죄인을 사랑하시는 사랑의 성품이 인간을 죄에서 구원할 길을 준비하게 한 것입니다(막 2:17).

하나님께서는 인간의 구원을 위해 아들을 세상에 보내셨습니다. 이 일은 성부 하나님께서 주도적으로 행하셨습니다. 죄로 말미암아 타락한 인간, 그로 인하여 마땅히 누려야 할 참된 행복과 안식에서 멀어진 인간을 사랑하셨기 때문입니다.

희생하시는 성자 : 은혜

둘째로, 교회의 기초를 마련하기 위해 속죄를 감당한 분은 성자 하나님이십니다. 성자는 인간의 죄를 위해 대신 죽으심으로 율법의 요구를 지불하셨고(고후 5:15, 갈 3:13), 인간은 그 공로를 전가받아 중생(重生)을 수여받게 됩니다. 성자 하나님은 인간의 중생을 위한 공로를 제공하시는 분으로(롬 5:10, 6:3) 구원의 공로적(功勞的) 원인이십니다.

성자는 창세 전에 이루어진 구원 계획에 따라 성부의 뜻에 순종하여 사람의 몸을 입고 이 세상에 오셨습니다(빌 2:6~8). 인간이 하나님과 사랑의 교통을 누리게 하기 위하여 성자는 희생 제물이 되셨습니다(롬 3:25). 십자가에서 죽고 부활하심으로써 하나님 아버지와 구원받을 백성들 사이에 화목을 이루셨습니다(요일 4:10). 우리의 행실이나 공로가 아니라 오직 그리스도의 공로로 이 일을 이루셨습니다(딛 3:5). 교회는 성자의 희생의 공로를 통하여 구원받은 신자의 연합입니다.

믿게 하시는 성령 : 교통

셋째로, 성자의 구속 사역을 실제로 믿게 하는 분은 성령 하나님이십니다(고전 12:13, 엡 2:18). 성령께서는 불신자의 마음에 복음에 대한 믿음을 주어 성자의 구속 사역을 인간에게 적용하십니다(마 10:20, 요 16:13, 요일 5:6). 죄인의 마음에 감화를 주어 하나님의 사랑을 깨닫게 하고, 믿음으로 그 공로를 받아들이게 하십니다(요일 4:2). 성령은 중생의 생명을 발생하게 하시는 분으로서(요 3:5), 구원의 적용적(適用的) 원인이십니다.

교회는 성령의 역사 안에서 구원받은 무리의 영적 연합입니다(고전 12:13, 엡 2:18, 4:3~4). 신자는 성령 안에서 그리스도와 연합됨으로써 삼위 하나님과 교통하는 삶을 누리게 됩니다. 이 교통을 통하여 지상과 천상의 자원을 공급받습니다. 신자는 하늘로부터 공급받는 이 자원으로 창조의 목적을 따라 살아갑니다. 그는 자신 안에 임한 하나님의 나라를 세상에 구현하며 사는 것을 인생의 목표로 삼습니다. 이는 자기 인생의 목표를 하나님께 합치시켰기 때문입니다. 그리하여 신자는 종말론적으로 이루어질 세계를, 교회의 모든 지체와 함께 교회 안에서 먼저 구현하며 살아갑니다(마 12:28, 빌 2:15).

삼위가 함께하시는 교회

교회는 성부의 사랑과 성자의 은혜, 성령의 교통 안에서 세워졌습니다. 자녀가 부모에게 사랑스럽듯이 교회는 하나님께 말할 수 없이 사랑스러운 존재입니다(시 84:1). 그러므로 신자가 하나님의 사랑을 진정으로 깨달았다면 그는 반드시 '교회를 향한 하나님의 사랑'도 알게 될 것입니다.

그러나 이 땅의 교회는 아직 불완전합니다. 그래서 하나님께서는 진리와 사랑으로 당신의 교회를 온전하게 하십니다.

성부의 계획 안에서

첫째로, 교회는 성부 하나님의 계획 안에서 교회다워져 갑니다. 죄로 말미암아 망가진 세상을 창조의 목적으로 돌아가게 하려는 성부 하나님의 사랑은 교회를 세우신 후에도 계속됩니다. 그래서 교회의 설립뿐 아니라 교회의 존재와 사명에 대한 경륜까지 모두 성부 하나님의 사랑 안에서 이루어집니다(엡 5:25). 그렇기 때문에 세상이 아무리 교회를 파괴하려고 애써도 교회는 하나님의 영원한 보호와 돌보심을 힘입어 존재 목적을 다할 것입니다(마 16:18).

인류가 타락한 직후에 하나님의 구원 계획은 전개되었습니다. 또한 참신앙과 교회를 파괴하려는 노력도 시작되었습니다. 아담의 가정에 들어온 죄와 살인의 광기에서 시작하여 탐욕으로 말미암는 우상숭배와 이스라엘 패망의 역사까지, 구약의 역사를 얼룩지게 만든 흔적들이 그것입니다(창 4:8, 신 28:64, 겔 6:9). 참된 선지자의 증언을 거부하고 하나님을 대적한 역사는 구약 시대에만 국한된 것이 아닙니다(대상 16:22, 대하 36:16, 마 23:35).

이러한 일은 오늘날에도 반복되고 있습니다. 교회를 무너뜨리려는 세상의 시도는 종교, 사상, 정치, 사회, 경제, 교육 및 문화와 예술에 이르기까지 더욱 다양하고 교묘한 방식으로 지금도 진행되고 있습니다. 그리고 그 이면에는 영적 어둠의 세력이 있습니다(엡 2:2).

그 모든 공격은 한 가지 목표를 지향하고 있습니다. 그것은 바로 교회를 통해 보존되고 전파되는 참된 진리를 파괴하는 것입니다(행 4:26). 그러나 어느 시대든지 교회를 완전히 파괴하려는 세상의 시도는 성공한 적이 없습니다(왕상 2:45, 단 7:18, 히 12:28). 하나님께서 교회를 지켜 주실 것을 약속하셨기 때문입니다. 이는 그리스도를 통해 하나님과 연합된 교회를 향한 사랑 때문입니다.

성자의 통치 안에서

둘째로, 교회는 성자의 통치 안에서 교회다워져 갑니다. 성부 하나님께서는 자신을 버려 구속 사역을 완성하신 성자를 지극히 높여 만유의 주로 삼으셨는데, 이는 예수 그리스도가 회복될 만물의 으뜸이 되심을 뜻합니다(골 1:18).

만유의 주이신 예수 그리스도께서는 먼저 교회의 머리가 되어 주되심을 선포하셨습니다. 그리스도께서는 교회의 머리로서 교회를 다스리십니다(엡 1:22). 그리스도께서 교회의 머리가 되시는 것은 이중적으로 설명할 수 있습니다.

먼저 생명을 주심에서 머리 되심입니다. 이것을 '유기체적 생명의 머리 되심'이라고 합니다. 구원을 받아 생명을 얻은 신자는 생명의 근원이신 그리스도께 접붙여짐으로써 삼위 하나님과의 영적 교제 속으로 들어갑니다. 다시 말해서 신자는 그리스도를 통하여 하늘 생명을 공급받습니다. 이 생명은 참사람답게 살게 하는 원동력입니다. 이 생명을 풍성히 누릴 때 신자는 하나님께서 바라시는 그 자리에서, 하나님께서 바라시는 모습으로, 하나님을 충성스럽게 섬길 수 있습니다. 신자는 개별적 존재가 아니라 교회의 지체로서 이 하늘 생명에 참여합니다.

다음으로 통치하심에서 머리 되심입니다. 이것을 '유기체적 통치의 머리 되심'이라고 합니다. 육신의 지체가 머리에 복종하는 것처럼, 교회는 머리이신 그리스도께서 성령의 은혜와 진리의 말씀을 통해 다스리실 때 복종해야 합니다(계 1:5).

신자 각 사람은 예수 그리스도의 통치에 순종하는 모습을 통해 자신의 독특한 질서를 세상에 보여줍니다. 그렇게 드러난 그리스도인의 인격과 삶을 통해 세상은 하나님의 성품과 그것의 시행 방식이 어떠한지를 알게 됩니다.

성령의 위로 안에서

셋째로, 교회는 성령 하나님의 위로 안에서 교회다워져 갑니다. 성령께서는 신자가 삼위 하나님과 교통하게 할 뿐만 아니라 그들의 위로가 되십니다. 성경은 이렇게 말합니다.

"그리하여 온 유대와 갈릴리와 사마리아 교회가 평안하여 든든히 서가고 주를 경외함과 성령의 위로로 진행하여 수가 더 많아지니라"(행 9:31).

교회가 누리는 신령한 위로는 성령으로 말미암습니다. 이는 성령이 곧 사랑이시기 때문입니다. 신자는 성령 안에서 끊을 수 없는 하나님의 사랑을 받습니다(롬 8:38~39). 그 사랑은 신자에게 실제적인 위로와 힘을 줍니다.

성령으로 충만한 교회는 시련이나 박해가 와도 좌절하지 않습니다. 하나님께 받은 사랑의 크기가 세상에서 받는 고통을 능가하기 때문입니다(롬 5:3~5). 이는 성령으로 충만한 신자가 세상이나 사람에게 값싼 위로를 구하지 않는 것과 같습니다. 이는 그가 자신에게 예비된 하늘의 위로가 얼마나 큰지를 알기 때문입니다(빌 2:1).

또한 성령께서는 복음의 진리를 끊임없이 경험하게 하여 힘을 주십니다. 교회 안에 구원의 영광이 시들지 않게 하시고, 신자로 하여금 내세의 소망을 가지고 살게 하십니다(행 2:46, 8:8, 고후 7:4).

맺는말

하나님께서 이 세상에 세우시려 했던 나라는 죄로 인하여 좌절되는 것 같았습니다. 그러나 예수 그리스도께서 이 세상에 오셔서 그 나라를 다시 회복하십니다. 하나님의 나라는 그리스도와 함께 이미 임했으나 아직 완전히 실현되지는 않았습니다.

하나님께서는 미래에 완성될 하나님 나라의 모습을 교회를 통해 먼저 보이셨습니다. 교회는 하나님의 나라를 완성하기 위해 하나님께서 이 세상에 심으신 밀알입니다(요 12:24). 그 밀알이 터져 싹이 나오고 온 땅 가득히 열매를 맺게 될 때가 올 것입니다(눅 8::8). 그 일을 위하여 하나님께서는 지금도 교회와 함께하시며 교회를 더욱 교회답게 만들어 가십니다(히 2:10, 7:19, 13:21 참조).

신자의 섬김으로 하나님께서 창조 시에 의도하셨던 일이 인류 사회 안에 점차 구현될 것입니다. 신자의 연합인 교회를 통해 하나님의 아름다움은 이 세상에서 찬란하게 증진될 것입니다. 그래서 교회는 잃어버린 하나님의 나라와 완전히 회복될 나라 사이에 있습니다. 그곳에서 때로는 고통하고, 때로는 승리합니다. 그러나 그리스도께서 다시 오셔서 이 세상을 완성하는 날, 교회도 완성될 것입니다.

제2장 교회, 삼위 교통의 모상 | Chapter 1. 삼위 하나님과 교회

Study Guide

내용 이해를 위한 토의

1. '교회는 삼위 하나님의 교통의 모상'이라는 말의 의미는 무엇입니까?

2. 삼위 하나님께서는 교회의 설립에 함께하십니다.
   - 인간을 구원하는 일에서 성부의 역할은 무엇이며, 그 동기는 무엇입니까?
   - 인간을 구원하는 일에서 성자의 역할은 무엇입니까?
   - 인간을 구원하는 일에서 성령의 사역은 어떻게 나타납니까?

3. 삼위 하나님께서는 교회의 설립 후에도 함께하십니다.
   - 이 세상이 아무리 교회를 파괴하려고 애써도 교회가 영원히 무너지지 않는 이유는 무엇입니까?
   - 그리스도께서 이중적으로 교회의 머리가 되신다는 말의 의미를 설명해봅시다.
   - 교회의 설립 이후, 교회 안에서 나타난 성령의 사역은 무엇입니까?

4. '교회는 잃어버린 하나님의 나라와 회복될 하나님의 나라 사이에 있다'라는 말의 의미는 무엇입니까?

적용과 실천을 위한 나눔

1. 성령이 충만한 교회는 시련이나 박해로 인해 좌절하지 않습니다. 하나님께 받은 사랑의 크기가 세상에서 당하는 고통의 크기를 능가하기 때문입니다. 성령으로 충만한 신자도 마찬가지입니다. 최근에 좌절하거나 낙심한 때가 있었습니까? 그때 어떻게 자신의 마음을 다잡으며 다시 하나님 앞에 설 수 있었는지 나누어봅시다.

2. 교회는 하나님께 말할 수 없이 사랑스러운 존재입니다. 그래서 하나님을 진정으로 사랑하는 신자는 교회를 진심으로 사랑합니다. 하나님과 교회가 불가분의 관계에 있음을 깨달은 경험이 있습니까? 교회를 향한 당신의 사랑은 어떻게 실천되고 있습니까?

Chapter 2

교회 생활 : 사랑 안에서 행함

신자의 사랑

성부와 성자와 성령께서 각 위격의 아름다움 때문에 어떠한 다른 목적 없이 서로를 사랑하시는 것처럼, 신자도 사람들을 사랑합니다. 그 안에 사랑이 있기 때문입니다. 신자가 사랑, 곧 지순의 사랑을 갖게 되는 과정은 일반적으로 다음과 같습니다.

하나님의 사랑을 알지 못하던 사람이 어느 날, 자신은 혼자 힘으로 살아갈 수 없는 비참한 존재임을 인식합니다. 그래서 하나님 앞으로 나아갑니다. 그는 간절히 하나님의 도움을 바라지만, 그것은 여전히 고통 받는 자신에 대한 사랑에서 비롯된 것입니다. 하나님 앞에서 그는 이제껏 보지 못했던 자신의 죄악 됨을 깨닫고, 그로 인해 한없이 절망합니다. 그 사람에게 하나님께서는 십자가의 사랑을 보이십니다. 십자가를 통해 나타난 용서의 경험을 통해서 그는 자기와 같은 죄인을 향한 하나님의 사랑을 알게 됩니다. 그때 자기 사랑을 버리고

하나님을 사랑하게 되는데, 이 사랑을 까리따스(caritas), 곧 '지순의 사
랑(agape)'이라고 합니다(요일 4:7~10).

지순의 사랑은 하나님을 목표로 정하고 그분을 끊임없이 즐거워하
며 그분께 자신을 합치하려는 영혼과 마음의 움직임입니다. 그래서
그는 그릇된 자기 사랑에 빠지지 않습니다. 오히려 하나님을 사랑할
뿐만 아니라 하나님께서 사랑하기를 바라시는 대상을 사랑하게 됩니
다. 그가 교회와 신자는 물론 교회 밖의 이웃을 사랑하는 이유도 여
기에 있습니다. 이러한 사실은 다음 사항들을 숙고할 때 더욱 깊이
알 수 있습니다.

이웃을 사랑하는 신자

신자는 교회 밖의 이웃을 사랑합니다. 그가 이웃을 사랑하는 근거
는 다음의 두 가지가 있습니다. 그렇지만 이 둘은 별개의 것이 아니라
사실은 하나입니다. 바라보는 국면에 따라 다르게 나타날 뿐입니다.[1]

---

[1] 아리스토텔레스는 그의 책 『니코마코스 윤리학』에서 사랑(philia)을 세 가지로 구별한
다. 첫째는 유익 때문에 성립하는 사랑으로, 상대방에게서 어떤 좋은 것을 얻을 수 있
는 한에서 사랑하는 것이다. 둘째는 쾌락 때문에 성립하는 사랑으로, 상대방에게서
어떤 즐거움이 돌아오는 한에서 사랑하는 것이다. 셋째는 어떤 유익이나 쾌락을 얻기
때문에 상대방을 사랑하는 것이 아니라 자기 자신이 좋은 사람이기에, 다시 말해서
자신의 덕스러운 품성으로 인해 서로에게 좋은 일이 일어나기를 바라는 사랑이다. 유
익과 즐거움에 따른 사랑은 사랑의 이유가 상대방에게 우연적으로 속한 것이어서 가
변적이며 쉽게 해체되는 특징이 있지만, 사람의 덕스러운 품성으로 인한 사랑은 진정
한 의미의 사랑으로 각자가 좋은 사람인 한 유지되는 것이며, 그런 덕은 지속하는 것
이라고 설명한다. Aristotle, *Nicomachean Ethics*, trans. Roger Crisp (Cambridge:
Cambridge University Press, 2016), 142-145.

박애애 때문에

첫째로, 신자는 박애적 사랑 때문에 이웃을 사랑합니다. 사랑은 목적적 사랑과 박애적 사랑으로 나눌 수 있습니다. 전자는 목적애(目的愛)로서 유용성이든 쾌락이든 사랑하고자 하는 대상에게 있는 어떤 특성들이 자기에게 아름답게 여겨지기 때문에 그것을 사랑하는 것입니다(마 6:24). 후자는 박애애(博愛愛)입니다. 이는 사랑하는 대상이 가진 장점과는 상관없이 자신 안에 있는 사랑의 성향 때문에 그 대상을 사랑하는 것입니다(행 4:32, 롬 5:5).

토마스 아퀴나스(Thomas Aquinas, 1225~1274)는 『신학대전(Summa Theologiae)』에서 전자를 우정애(amor amicitiae) 또는 욕망애(amor concupiscentiae)라고 했으며(Ia-IIae. q.26. aa.3-4),[2] 후자를 하나님의 사랑으로 말미암는 카리타스라고 불렀습니다(IIa-IIae. qq.23-27).[3]

박애적 사랑은 사랑하는 자의 성품에서 우러나오는 것으로 하나님에게서 온 것입니다. 하나님께서 그리스도를 통해 교회에 부어주신 사랑은 하나의 사랑입니다. 사랑의 근원과 목적이 하나인 사랑이니, 여러 개처럼 보이는 사랑은 하나에서 시작하여 만물을 휘돌지만 결국은 하나로 수렴됩니다. 사랑받는 모든 이로 하여금 자기를 사랑해 준 사람이 아니라 사랑의 원천이신 하나님 때문에 사랑하게 하는 것

---

2) Thomas Aquinas, *Summa Theologiae*, vol. 19: The Emotions (Ia2ae. 22-30), ed. Eric D'Arcy (Cambridge: Cambridge University Press, 2006), 70-73.
3) Thomas Aquinas, *Summa Theologiae*, vol. 34: Charity (IIa2ae. 23-33), ed. R. J. Batten (Cambridge: Cambridge University Press, 2006), 4-185.

입니다.

신자는 그 사랑 안에서 하나님뿐만 아니라 하나님께서 사랑하시는 모든 대상을 사랑합니다. 그래서 이 사랑은 교회라는 몸에 함께 지체가 된 신자뿐만 아니라 교회 밖의 이웃에게까지 미칩니다.

아름다움 때문에

둘째로, 신자는 이웃의 아름다움 때문에 그들을 사랑합니다. 사랑의 동기는 언제나 아름다움입니다. 하나님에게서 부어진 사랑의 성향 때문에 사람들을 사랑하는 박애애도 아름다움을 동기로 삼습니다. 그러나 박애애가 아름다움을 사랑의 동기로 삼는 방식은 목적애가 그리하는 것과는 다릅니다. 목적애는 자기의 이익이나 욕망을 기준으로 아름다움의 여부를 결정하지만, 박애애는 사랑받는 대상 안에 희미하게나마 남아 있는 하나님의 형상 때문에 그를 사랑합니다.

넓은 의미에서 보면 모든 인류는 하나님의 형상을 지니고 있고, 본성적인 측면에서 그리스도의 인성과 연합을 이루고 있습니다. 이것을 종교개혁 신학자인 버미글리(Peter Martyr Vermigli, 1499~1562)는 '본성적 연합(conjunction of nature)'이라고 불렀습니다.[4] 그래서 불신 상태의 인간에게도 희미하게나마 하나님의 형상이 있습니다. 이것이 인간 존엄의 근

---

4) Peter Martyr Vermigli, *The Peter Martyr Library*, vol. 5: Life, Letters, and Sermons, ed. John Patrick Donnelly (Kirksville: Thomas Jefferson University Press, 1999), 134–137; Peter Martyr Vermigli, *Loci Communes* (London: Excudebat Thomas Vautrollerius, 1583), 1108–1109.

거가 됩니다.5) 중생과 회심을 통해 사랑을 부여받은 신자는 지체와 이웃 안에 있는 하나님의 형상을 봅니다. 그리고 그것 때문에 그들을 사랑합니다(시 65:4, 135:3).

하나님을 향한 사랑이 올바르고 충만하다면 그 사랑은 다른 사람 안에 있는 하나님의 형상에 대한 사랑으로, 모든 인류를 당신의 인성과 연합하신 그리스도의 몸에 대한 사랑으로 나타납니다. 그래서 아우구스티누스는 우리가 참으로 하나님을 사랑한다면 거기에 우리의 형제들말고 무엇이 있겠느냐고 반문했습니다(8,8,12).6)

이 세상에서 하나님의 아름다움을 가장 탁월하게 반영하는 것은 인간의 영혼입니다. 인간의 영혼은 마음과 정신, 육체와의 복잡한 관계 속에서 한 사람이 정체성을 가지고 살아가게 한다는 점에서 신비

---

5) 다음의 자료들을 참고할 것. Peter Martyr Vermigli, *The Peter Martyr Library*, vol. 5: Life, Letters, and Sermons, ed. John Patrick Donnelly (Kirksville: Thomas Jefferson University Press, 1999), 134-137; Louis Berkhof, *Systematic Theology* (Grand Rapids: Wm. B. Eerdmans Publishing Company, 1996), 202-210; 서철원, 『인간, 하나님의 형상』 (서울: 총신대학교출판부, 2007), 50-69; Anthony A. Hoekema, *Created in God's Image* (Grand Rapids: Wm. B. Eerdmans Publishing Company, 1994), 33-101; Amandus Polanus, *The Substance of Christian Religion* (London: R. F. for John Oxenbridge dwelling in Paules churchyard, at the signe of the Parrot, 1597), 20-21; William Perkins, *A Golden Chaine* (London: printed by Iohn Legatt, dwelling in little-wood-streete, 1621), 37, 40-45; Francis Turretin, *Institutes of Elenctic Theology*, vol. 1, trans. George Musgrave Giger (Phillipsburg: P&R Publishing, 1992), 464-470.

6) "*Quid ergo diligit caritas nisi quod caritate diligimus? Id autem ut a proximo prouehamur frater est.*"(8,8,12). Avrelivs Avgvstinvs, *De Trinitate*, in *Corpvs Christianorvm Series Latina L: Avrelii Avgvstini Opera*, Pars XVI, 1 (Tvrnholti: Typographi Brepols Editores Pontificii, 1968), 287.

하도록 아름답습니다(욥 33:28, 시 42:2~5). 이러한 복잡한 작용 안에서 하나님의 은혜와 인간의 자유 의지가 만나 스스로 도덕적 결정을 내려 행동하게 한다는 점도 놀랍지만, 그 영혼의 작용을 통해 하나님을 믿고 사랑하며 창조의 목적을 따라 살 수 있다는 점 때문에 그 아름다움은 더욱 탁월합니다(시 31:7-8, 35:9). 그래서 창조된 것 중 가장 하나님을 닮은 것은 인간의 영혼입니다. 그러니 하나님을 사랑하는 신자가 하나님을 닮은 영혼을 소유한 사람을 사랑하는 것은 너무나 당연한 것입니다.

아름답기 때문에 사랑하지만 또한 사랑은 아름답게 보게 합니다. 사랑은 해석의 방향을 바꾸는 힘이 있습니다. 사랑은 모든 것을 악의적으로 해석하지 않으려는 성향입니다(고전 13:5). 그래서 신자 안에 있는 사랑은 아주 흉악하고 추한 인간에게서도 하나님의 사랑을 받는 영혼을 보게 합니다(눅 23:34). 신자가 죄인을 긍휼히 여기고 자비를 베푸는 것은 바로 이 때문입니다(마 15:32, 엡 4:32).

신자를 더욱 사랑하는 신자

신자는 또한 다른 신자를 더욱 사랑합니다. 색맹인 사람들의 눈에는 가을철 단풍이 때 묻은 빨래처럼 지저분하게 보인다고 합니다. 색깔과 빛깔의 아름다움을 지각할 수 있는 능력이 없거나 부족하기 때문입니다. 하나님의 아름다움에 관하여 말하자면 우리도 한때 그런 사람들이었습니다(롬 8:20, 벧후 2:17~19). 그러나 중생과 회심을 통해 하나님께서 영혼의 심미안(審美眼)을 뜨게 해주신 이후에는 성경과 구원의 역사, 인간의 영혼과 교회, 세계와 자연 만물 속에서 질서의 아름다움을 볼 수 있게 되었습니다(엡 1:18).

하나님께서는 중생과 회심을 통해 신자의 마음에 사랑을 심으십니다. 그 사랑으로 신자는 교회의 아름다움을 인식하고 사랑하게 됩니다. 더 나아가 하나님의 형상을 가진 이웃을 사랑하게 됩니다. 특별히 신자는 지체의 연합의 질서 안에서 하나님의 아름다움을 더욱 분명히 봅니다. 그래서 서로를 더욱 사랑합니다. 신자가 특별히 다른 신자를 더욱 사랑하는 근거는 다음과 같습니다.

구속을 통해 연합되었기에

첫째로, 신자는 구속을 통해 그리스도와 연합되었기 때문입니다. 하나님께서는 구원받은 신자가 하나의 몸을 이루게 하십니다. 이것이 교회입니다.

눈에 보이는 지역 교회는 헤아릴 수 없이 많지만 참된 보편 교회는 오직 하나입니다. 참으로 중생하여 그리스도에게 접붙여진 신자의 연합인 이 교회를 보편 교회 또는 우주적 교회라고 부릅니다(요 17:21~22). 예수 그리스도께서는 눈에 보이는 각 교회와 단체들의 머리가 되신 것이 아니라 영적인 유기체로서 하나인 보편 교회의 머리이십니다.

신자는 구원받은 즉시 보편 교회 안에 접붙여져(롬 6:5, 골 2:19) 그리스도와 영적 연합을 누립니다. 그리스도를 통하여 삼위 하나님과 연합되어(골 2:2) 하나님께 사랑을 받는 것입니다.

그래서 하나님의 사랑을 아는 신자는 사람을 외모로 취하지 않습니다. 한 사람의 영혼이 구속을 통해 하나님과 연합되었음을 알기 때문입니다. 비록 그들이 지금 죄에 빠져 영혼의 아름다움을 잃어버렸다고 해도 말입니다.

이 연합은 법이나 제도로 강요된 외적 연합이 아니라 사랑 안에서 하나가 된 내적 연합입니다. 그래서 우리는 보이는 교회, 같은 교파에 속한 사람들과만 끈끈한 연대를 유지하고, 다른 교파에 속한 사람들은 그리스도의 몸이 아닌 것처럼 행동하지 말아야 합니다.

지상의 교회에는 서로 다른 교파가 있습니다. 신앙의 조항에는 근본적인 조항과 비근본적인 조항이 있습니다. 근본적인 조항이 다를 때 그것을 따르는 무리를 '이단(異端)'이라고 부르고, 비근본적인 조항이 서로 다를 때는 '교파(敎派)'라고 부릅니다. 두 조항의 차이는 교회가 서고 넘어지는 신앙의 근본적인 조항이냐, 그 정도는 아닌 비근본적인 조항이냐에 달려 있습니다.

지상의 모든 교회가 신앙의 모든 조항에서 완벽하게 일치된 고백을 가질 수는 없습니다. 그래서 우리 자신의 입장이 가장 성경적이라고 확신하지만, 다른 교파에 속한 사람들을 그리스도의 몸이 아닌 것처럼 대해서는 안 됩니다. 스스로 가장 성경적인 것으로 증명된 교리를 견지한다고 믿을지라도 다른 교파의 사람들을 그리스도의 몸으로 여기고 사랑해야 합니다.

보이는 교회는 보편 교회의 머리이신 그리스도를 향한 사랑을 실천하며 살아가는 무대입니다. 물론 개별적인 사람들을 보아서는 사랑하기 힘들 수 있습니다. 우리는 교회의 본질에 주목해야 합니다. 자기 팔에 더러운 것이 묻었다고 해서 팔을 자르는 사람은 없습니다. 교회 안에 나를 괴롭게 하는 사람이 있다고 해도 그도 그리스도의 몸의 일부입니다. 그 사람과 나는 영적으로 분리될 수 없습니다. 그 사람을 떼어내면 나에게도 고통이 전달될 것이고, 그 고통은 몸 전체가 겪을 것입니다. 그리고 그것은 그리스도의 고통입니다. 그때 우리는 몸을 아프게 하기보다는 차라리 자신이 고통당하기를 택합니다. 그렇게 그리스도의 몸을 사랑함으로써 그리스도를 향한 사랑을 표현하는 것입니다. 그래서 신자는 자기에게 죄 지은 지체를 용서합니다. 자신에게 아픔을 주는 대상도 하나님 때문에 사랑합니다. 신자 안에 있는 지순의 사랑이 그것을 가능하게 합니다.

신자와 교제하시는 하나님 때문에

둘째로, 신자는 자신과 교제하시는 하나님 때문에(고전 1:9) 다른 신자를 더욱 사랑합니다. 불신자에게도 넓은 의미에서의 하나님의 형상이 있습니다. 그런데 신자는 좁은 의미에서의 하나님의 형상을 회복한 사람들입니다.

좁은 의미의 하나님의 형상이란 하나님과의 관계론적인 측면을 강조한 것입니다. 마르틴 루터(Martin Luther, 1483~1546)는 인간이 죄를 지음으로써 하나님의 형상이 파괴되어 하나님 앞에 절망적인 존재가 되었다고 보았습니다. 그래서 인간의 유일한 희망은 하나님께 의롭다 함을 받는 데 있다고 했습니다.

그런데 인간이 하나님 앞에서 의롭다 함을 받는 것은 실제로 의로

워서가 아닙니다. 실제로는 의롭지 않은데 그리스도께서 자신의 의를 우리에게 덧입혀주시고, 그 의를 보신 하나님께서 우리를 의롭다고 법정적으로 선언하시는 것입니다. 이것을 '칭의(稱義)'라고 합니다. 하나님께서는 우리를 의롭게 여겨주심으로 깨어진 당신과의 관계를 회복시켜주십니다.7) 이처럼 신자는 하나님과의 관계가 회복되어 그분과 교제하고 있는 사람이니 더욱 사랑스럽지 않을 수 없습니다.

   신자는 개인적인 구원의 경험을 통하여 자신이 얼마나 존귀한 존재이며 하나님께 사랑스러운 존재인지를 깨달았습니다. 그리고 그러한 사랑이 하나님과 교제를 누리고 있는 다른 신자 안에서도 동일하게 흐르고 있음을 알기에 그들을 더욱 사랑합니다.

사랑의 목적 : 존재 목적을 공유하게 하심

   모든 사랑은 하나님에게서 왔습니다. 가족과 이웃들이 나누는 사회적 사랑이나 신자가 하나님과 이웃을 향해 가진 사랑은 모두 하나님의 사랑을 본뜬 것입니다. 인간 이외의 피조물을 향한 선의조차 하나님의 사랑의 성품을 본뜬 것입니다. 심지어 이기적인 자기 사랑까지도 하나님의 성품을 잘못 본뜬 것입니다. 사치는 하나님의 무한히 풍족하심을 잘못 본뜬 것이며, 교만은 하나님의 영원히 높으심을 잘

---

7) 김남준, 『하나님의 형상과 그리스도와의 연합』 (안양: 열린교회출판부, 2017), 18-19.

못 본 뜻 것입니다.

  이 사랑은 원래 삼위 하나님 안에 있던 것이므로 교통적인 사랑입니다. 하나님의 사랑은 언제나 하나님 안에 머물러 있지 않습니다. 하나님께서는 하나님 이외의 존재들을 사랑함으로써 온 우주를 감싸시며, 모든 인간을 하나님의 사랑 안에 두고 다시 하나님께로 돌아오게 하십니다(요일 4:14~16).

  그래서 그 사랑이 하나님을 향한 순전한 것이라면 궁극적인 사랑의 대상인 하나님을 사랑하게 하고, 하나님께서 사랑하시는 사람들을 사랑하게 합니다. 또한 자연 사물을 향해 선의를 베풀게 합니다. 신자가 하나님을 향한 진실한 사랑을 소유하면 그는 하나님께서 구원하신 그리고 구원하시고자 하는 모든 사람을 사랑할 것입니다. 뿐만 아니라 그에게 맡기신 직무와 그것을 이루기 위해 필요한 사물들도 소중히 여길 것입니다. 그렇지만 신자 안에 있는 지순의 사랑은 하나님 이외의 그 무엇도 궁극적인 사랑의 목적으로 삼지 않습니다. 지순의 사랑의 중심점은 오직 하나님입니다.

  하나님을 사랑하는 신자는 하나님의 뜻에 따라 사는 일을 가장 가치 있는 것으로 여깁니다. 지순의 사랑 안에서 그는, 하나님께서 자신을 지으신 창조의 목적이 재물과 명예, 높은 평판을 추구하며 사는 것보다 더 고귀하다는 사실을 깨닫습니다. 피조물 된 자의 영광이 하나님의 뜻을 위해 사는 것임을 이해합니다(사 43:7). 그래서 자신의 인생의 목적을 이 세상을 만들고 교회를 세우신 하나님의 목적에 합치시킵니다.

이러한 신자들이 많을 때 교회는 공동체적으로 자신의 존재 목적을 하나님의 뜻에 부합하게 합니다. 이는 은사와 재능이 서로 다른 신자가 하나의 사랑 안에서 하나님의 나라를 위해 섬김을 뜻합니다. 이처럼 교회의 존재 목적과 신자의 인생의 목적은 동떨어져 있지 않습니다(엡 2:10).

다양한 지역의 여러 교회가 하나님의 한 사랑 안에서 한 하나님을 함께 섬기는 광경을 상상해보십시오. 그때 교회는 죄로 말미암아 망가진 세상을 고치고, 하나님의 나라를 회복해가는 데 힘 있게 기여할 것입니다. 신자는 그 일을 위해 헌신함으로써 하나님께 영광을 돌리는 삶을 살게 될 것입니다(빌 1:11). 그리하여 자신들이 마땅히 구현해야 할 존재의 목적을 교회와 함께 공동체적으로 이루어가게 됩니다.

맺는말

인간과 세계를 향한 창조주 하나님의 사랑이 모든 땅 위에 동일하게 부어지는 것은 아닙니다. 그 사랑은 그리스도의 신부인 교회 위에 더 충만하게 부어집니다. 하나님께서는 그리스도를 향한 사랑을, 아들에게 부을 그 사랑을 아들의 신부인 교회에 부으십니다.

그 첫 번째 일이 바로 오순절 성령강림 사건입니다. 그 사건 이후 하나님께서는 한 사람 한 사람을 불러 그리스도 예수께 접붙이고, 성령을 물 붓듯 부어주십니다. 그럼으로써 그들이 성령 안에서 한 몸이 되어 하나님이 기대하였던 사랑스러운 연합을 이루게 하셨습니다. 그래서 교회 안에서 하나님의 사랑과 인간의 사랑이 만납니다. 신자의 삶은 이 사랑 안에서 사는 것입니다.

신자는 교회의 지체뿐 아니라 교회에 속하지 않은 사람들도 사랑합니다. 하나님을 아는 지식에는 고국이 없기 때문입니다(골 1:23). 그리스도를 통하여, 성령 안에서, 하나님을 향해 살게 하는 신학 지식에는 '자기 나라'가 없습니다(요 18:36, 롬 1:14). 만약 있다면 그것은 하나님의 나라이지 세상의 특정한 나라가 아닙니다. 하나님께서 교회를 통해 발견하게 하신 '그리스도를 아는 지식'은 모든 인류가 함께 누리기를 원하시는 지식입니다(합 2:14, 딤후 4:17).

이 지식이 있기에 신자는 사람들을 사랑합니다. 그때 그는 그 사람이 수단이 아니라 목표 자체인 것처럼 사랑합니다. 사람을 향한 참사랑 안에는 하나님이 계시고, 하나님을 향한 참사랑 안에는 사람이 있기 때문입니다(요일 3:10, 14, 4:21).

신자의 연합인 교회는 이 사랑이 완성될 때를 바라봅니다. 미래에 완성될 하나님의 나라는 사랑의 나라입니다. 모든 인류가 서로를 자기 몸의 일부인 것처럼 여기며 사랑하는 나라입니다. 현재의 지상 교회는 미래에 이루어질 그 사랑의 나라를 자신 안에 이루기 위해 분투하는 중입니다. 그래서 교회 안의 지체는 서로 사랑하는 모습을 통해서 미래에 완성될 하나님의 나라가 어떠한지를 이 세상에 보여줍니다(창 2:23, 벧전 1:22, 계 1:5~6).

이 사랑이 무엇인지는 그리스도께서 보여주셨습니다. 그리스도의 이 땅에서의 삶을 통해 우리는 하나님의 사랑을 가장 올바르게 배웁니다. 신자는 이 사랑으로 형제자매를 사랑하고 교회를 사랑합니다. 그리고 온 인류를 사랑하도록 부름받았습니다. 그 안에서 가장 큰 행복을 누리는데, 이것은 이전에는 결코 알 수 없었던 하나님 안에서의 행복입니다.

제2장 교회, 삼위 교통의 모상 | **Chapter 2. 교회 생활 : 사랑 안에서 행함**

> Study
> Guide

내용 이해를 위한 토의

1. 신자가 지순의 사랑을 갖게 되는 과정을 설명해봅시다.

2. 신자는 사람들을 사랑합니다.
   - 신자가 교회 밖의 이웃을 사랑하는 근거 두 가지는 무엇입니까?
   - 신자가 다른 신자를 특별히 더욱 사랑하는 근거 두 가지는 무엇입니까?

3. 신자는 사랑을 통하여 자신의 존재 목적을 교회의 존재 목적과 합치시킵니다.
   - 교회가 자신의 존재 목적을 공유한다는 의미는 무엇입니까?
   - 교회의 존재 목적의 공유는 어떻게 이루어집니까?

적용과 실천을 위한 나눔

1. 지순의 사랑이 충만한 신자는 교회의 지체뿐만 아니라 교회 밖의 사람들까지 사랑합니다. 신자가 가정에서, 직장에서, 동네에서 만나는 사람들을 사랑하지 못하는 것은 결국 하나님에 대한 사랑이 부족하기 때문입니다. 물론 신자가 모든 사람을 자신의 가족처럼 사랑할 수는 없습니다(롬 12:18). 그렇지만 사람을 싫어하는 것, 미워하는 것은 옳은 감정이 아닙니다. 지금 당신이 싫어하고, 미워하는 사람은 없습니까? 이 관계를 개선하기 위해 어떻게 해야 할지 나누어봅시다.

2. 자신의 존재 목적을 하나님을 향한 사랑 안에서 공동체적으로 성취해본 경험이 있습니까? 혼자였으면 할 수 없었을 그 일을 교회 공동체와 함께 이룸으로써 조금이나마 하나님의 나라를 회복하는 데 기여한 경험이 있다면 나누어봅시다.

Chapter 3

사랑의 아픔 : 불완전하기에 아름다움

완성된 교회와 미완의 교회

교회를 향한 하나님의 사랑은 완전합니다(신 32:4, 시 18:25). 교회의 머리 되신 그리스도도 완전하십니다(요 1:1, 고후 4:4). 또한 신자로 하여금 사랑 안에서 교통하게 하시는 성령도 완전하십니다(고전 2:10, 요일 5:6). 하지만 지상의 교회는 완전하다고 말할 수 없습니다.

원리적인 측면에서 보면 교회와 신자는 완전합니다. 교회는 하나님의 아들 예수 그리스도의 완전한 속죄를 통하여 구속받은 신자의 연합이기 때문입니다(히 5:9). 교회는 인간의 어떠한 공로나 노력 없이 이미 이루신 그리스도의 공로로 완성된 신적 기관입니다(엡 1:23, 히 9:15).

그렇지만 실제적인 측면에서 보면 교회는 불완전합니다. 선교적으로는 이 땅의 교회가 아직 충만한 수에 이르는 신자를 포함하지 못했다는 점에서 불완전합니다(롬 11:25). 즉 하나님께서 선택하여 구원하시려는 모든 사람이 아직 구원에 이르지 못했기 때문에 교회는 불완전합니다. 목양적으로는 교회를 구성하는 신자가 아직 완전한 '의인의 영'에 이르지 못했다는 점에서 불완전합니다(히 12:23). 즉 신자들의 성화가 완성되지 않았기 때문입니다.

교회를 완전하게 하심

교회는 하나님의 나라에서 누릴 생명과 사랑을 선취적으로 누리고 있습니다(요 6:51, 20:31, 롬 5:5). 신자는 하늘 생명과 사랑으로 진실한 신자로서의 삶을 살아갑니다. 이는 궁극적으로 참인간이 살아야 할 삶입니다(창 2:7, 딤후 3:17). 그러나 이 땅의 신자는 여전히 잔존하는 죄를 지닌 불완전한 존재입니다. 그래서 그들이 누리는 생명과 사랑의 경험도 불완전합니다. 마지막 날에는 그것을 온전하게 누릴 것이나 지금 불완전한 지상 교회는 각자의 온전함의 정도에 따라 각각 다르게 하늘 자원을 맛봅니다.

요한계시록에 언급된 일곱 교회를 생각해보십시오. 그중 어떤 교회를 교회가 아니라고 말할 수 있겠습니까?(계 1:20) 비록 예수 그리스도께 책망을 받았어도 모두 그리스도의 교회였습니다. 그러나 그 교회들이 누린 그리스도의 사랑은 결코 같지 않았습니다(계 2:16, 3:3, 7~8, 19). 하나님께서는 모든 교회를 사랑하시나 더 온전해진 교회일수록 그 사랑을 더 많이 경험합니다. 그래서 하나님께서는 교회를 온전하게 하십니다. 그렇다면 교회의 온전함은 무엇을 통해 드러날까요?

교회의 온전함은 신자 개개인의 성화를 통해 드러납니다. 성화는 죄와 불결에서 신자의 전 본성을 순결하게 하시는 성령의 작용입니다. 신자는 성화의 과정을 통해 누추하고 보잘것없는 자기 사랑을 버리고 하나님을 더욱 온전히 사랑하게 됩니다. 그때 영혼의 순결함을 회복합니다. 신자의 성화는 그리스도 안에서 하나님께 바쳐진 사랑과 헌신의 징표라고 할 수 있습니다.

그런데 신자의 성화는 자신만의 것이 아닙니다. 그것은 교회 공동체적으로 하나님께 봉헌됩니다. 다시 말하면 성화의 진전을 위한 개인의 헌신은 다른 신자의 헌신과 하나가 되어 공동체적으로 하나님께 바쳐집니다. 그래서 교회의 온전함은 신자 개개인의 성화의 총합이라고 할 수 있습니다.

또한 교회의 온전함은 교회 공동체의 사랑과 일치 그리고 섬김을 통해 드러납니다. 하나님을 아는 지식과 사랑 안에서 자라갈 때 신자는 하나님뿐만 아니라 다른 지체와의 관계에서도 온전함을 이루게 됩니다. 이때 교회는 일치된 섬김으로 자신의 존재 목적을 다하게 됩니다. 이렇게 함으로써 교회와 그리스도의 실제적인 연합은 더욱 확고해지고, 교회는 하나님의 경륜을 이루는 일에 성심으로 참여하며 살아갈 수 있게 됩니다.

이처럼 교회의 온전함은 각 신자의 성화와 교회 공동체의 일치된 섬김을 통해 이루어집니다. 하나님께서는 교회가 온전해지기를 바라십니다(시 18:25, 마 5:17, 골 4:12). 교회가 온전해질수록 하나님을 사랑하고 하나님의 뜻을 이 세상에 이루는 일에 헌신하기 때문입니다. 이러한 교리적 사실을 이해하려면 교회가 완성되는 두 가지 동인(動因)에 대해 숙고해야 합니다.

하나님의 주권적인 계획

첫째로, 먼저 교회를 완전하게 하시는 하나님의 주권적인 계획 때문에 교회는 완전해져 갑니다(히 2:10, 7:28, 13:21). 교회는 다음을 위해 존재합니다.

먼저 교회는 하나님을 위하여 존재합니다. 교회는 하나님께서 세상을 창조하신 목적을 공동체적으로 수행하기 위해 존재합니다. 이것은 예배를 통하여 상징화됩니다(요 4:23).

또한 교회는 세상을 위하여 존재합니다(마 5:13, 빌 2:15). 하나님께서 교회를 세우신 것은 인류로 하여금 세상을 창조하신 목적을 완수하게 하기 위함입니다. 이러한 창조의 목적을 실현하기 위하여 교회는 세상을 섬깁니다. 교회는 이미 있는 세상과 다시 도래할 세상 사이에서(막 15:43, 롬 5:17) 죄로 인해 망가진 세상을 고치는 도구입니다. 그래서 교회가 존재하는 것은 궁극적으로 하나님을 위한 것이지만, 현실적으로는 세상을 위한 것입니다. 다시 말해서 교회는 세상을 위해서, 세상은 하나님을 위해서 봉사해야 합니다.

마지막으로 교회는 교회 자신을 위하여 존재합니다(엡 4:12, 엡 5:29~30). 교회는 교회에 속한 지체를 돌보기 위해 존재합니다. 마치 어머니가 자녀를 돌보듯 목양을 통해서 신자를 양육하여 완전한 자로 세우기 위하여 존재합니다(빌 1:9~11). 그래서 목회의 영광은 사람입니다. 하나님께서 돌보라고 맡기신 사람들이 어떻게 변화되었는가, 어떻게 하나님을 더욱 사랑하게 되었고, 그 사랑이 지식과 총명 안에서 어떻게 점점 더 풍성하게 되었는가, 그가 어떻게 지극히 선한 것을 분별하여 진실하며 허물이 없게 되었는가가 목회 사역의 목표이고 영광입니다. 이러한 목양을 통해서 교회는 점점 더 완전해져 갑니다.

이 일을 위해 하나님께서는 교회를 온전하게 하십니다. 하나님의 주권적인 계획 속에서 교회는 자신의 불완전함을 버리고 완전함을 회복합니다. 하나님께서는 한없는 사랑으로 이 땅의 교회를 순결하고 강하게 하십니다(벧전 1:7, 4:12~13). 교회는 이 땅에서 핍박과 고난을 겪음에도 불구하고 진리와 사랑으로 점점 더 온전해져 갑니다.

신자의 영혼의 지향성

둘째로, 신자의 영혼 안에 있는 지향성(指向性)으로 인해 교회는 온전해져 갑니다. 이 지향성은 거듭난 신자로 하여금 하나님의 목적을 지향하게 하고, 영혼의 완성을 향해 나아가게 하는 성향을 말합니다.

인간의 영혼 안에는 본래의 완전함으로 돌아가고자 하는 지향성이 있습니다(고후 5:14, 요일 4:12). 영혼은 끊임없이 완전하게 되고자 합니다. 이것은 영혼을 창조할 때 하나님께서 주신 성향입니다. 영혼의 완전함(perfection)이 정지(停止)적 개념이라면, 온전함(completeness)은 이행(移行)적 개념입니다. 다시 말해서 완전함은 하나님께서 부여하신 상태이지만, 온전함은 신자 개개인이 성화를 통해서 완전함에 가까이 다가가는 것을 가리킵니다.

신자 개개인의 이러한 영혼의 지향성이 교회로 하여금 온전함을 이루게 합니다(빌 1:8). 그러나 영혼의 지향성만으로 교회는 온전해지지 않습니다. 교회를 온전하게 하시는 성령의 작용이 필요합니다. 하나님께서 인간의 영혼 안에 두신 이러한 지향성은 구체적으로 다음의 두 가지로 설명할 수 있습니다.

목적인으로서의 지향성

먼저 생각할 것은 목적인(目的因, causa finalis)으로서 영혼의 지향성입니다.[1] 하나님께서 창조하신 영혼에는 인간의 존재 목적을 따라 살아가고자 하는 지향성이 있습니다(시 42:2, 63:1). 곧 인간의 영혼은 어떤 목적을 지향하고 그것을 따라 살고자 합니다. 이 목적인으로서의 영혼이 최종적으로 지향하는 것은 하나님의 '창조의 목적'입니다.

하나님께서는 창조의 면류관인 인간이 창조의 목적에 맞게 살아가도록 영혼에 성향을 부여하셨습니다. 그러한 인간 영혼의 성향은 타락 후에도 완전히 소멸되지 않았습니다. 그래서 인간의 영혼에는 창조의 목적을 따라 생각하고 사랑하고 결정하도록 하는 성향이 있

---

[1] "인간은 자신 속에서 발견되는 지극히 탁월한 것을 통해, 모든 것을 초월하는 것에 도달하도록 지음을 받았다. 곧 참되고 절대적으로 선하신 한 분 하나님께 도달하도록 만들어졌다는 말인데, 그분 없이는 그 어떤 자연도 존재할 수 없고, 그 어떤 이론도 가르칠 수 없으며, 그 어떤 쓰임새도 유익이 되지 못한다. 하나님으로 인해 만물이 근거를 가지기에 우리는 그분을 구해야만 하며, 하나님으로 인해 만물이 확실해지기에 우리는 그분을 알아가야 하고, 하나님으로 인해 만물이 바르게 되기에 우리는 그분을 사랑해야만 한다."(8.4), Avrelivs Avgvstinvs, *De Civitate Dei*, in *Corpus Christianorvm Series Latina XLVII: Avrelii Avgvstini Opera*, Pars XIV, 1 (Tvrnholti; Typographi Brepols Editores Pontificii, 1955), 220-221.

습니다. 이것은 비중생자에게도 남아 있지만 중생한 영혼에게는 더욱 명확하게 존재합니다.

영혼의 이러한 지향성이 신자로 하여금 창조의 목적을 따라 살게 하는 원인입니다. 이 지향성을 따르지 않는 사람은 완전한 평안을 얻을 수 없습니다(렘 2:19, 4:18). 신자가 창조의 목적을 따라 살아갈 때 가장 아름답고 행복한 상태가 되는 것은 바로 이 때문입니다.[2]

이러한 성향을 가진 신자의 연합이 교회입니다. 교회로 하여금 천지 창조의 목적을 이루는 데 기여하며 살게 하시려는 하나님의 계획은 그리스도를 통해 부어주시는 영적 생활과 사랑을 통해 실현됩니다(요 4:14, 6:27). 다시 말하면 인간은 하나님의 말씀의 은혜와 성령의 역사하심을 통해 창조 시 부여받은 영혼의 지향성을 따라 살 수 있게 됩니다.

완성인으로서의 지향성

이어서 생각할 것은 완성인(完成因, causa completionis)으로서 영혼의 지향성입니다. 영혼에는 전일성(全一性, integritas), 곧 영혼 본래의 순수성에 완전히 이르고자 하는 성향이 있습니다.[3] 영혼의 전일성, 곧

---

[2] "그러므로 모든 피조물이 다 지복에 도달할 수 없으며 …… 도달한다고 하더라도 자신의 힘으로 도달한 것이 아니다. 모든 피조물은 무에서부터 창조되었기 때문이며, 그것들을 지으신 오직 한 분을 통해서만 지복에 도달할 수 있다. 그래서 그분을 얻으면 행복하고, 그분을 잃으면 비참해진다."(12.1). Avrelivs Avgvstinvs, *De Civitate Dei*, in *Corpvs Christianorvm Series Latina XLVIII: Avrelii Avgvstini Opera*, Pars XIV, 2 (Tvrnholti; Typographi Brepols Editores Pontificii, 1955), 355.

[3] "옛 사람의 끝이 죽음이듯이, 새 사람의 마지막은 영원한 생명이다. 처음 인간이 죄의

'영혼의 영혼다움'은 하나님께서 영혼을 지으신 본래의 영혼 됨을 말합니다. 곧 영혼의 기능 안에 다른 것이 섞이지 않은, 창조의 목적에 따라 살고자 하는 힘과 경향성으로 가득한 상태를 말합니다.

모든 인간의 영혼에는 이런 성향이 있습니다. 그래서 신자뿐만 아니라 불신자의 영혼도 완전하게 되기까지 결코 쉼을 얻지 못합니다. 그렇지만 영혼이 지향하는 것을 알고 진실로 완성되어가는 길은 오직 예수 그리스도를 믿음으로써 가능합니다. 예수를 믿지 않는 사람도 어느 정도 질서 잡힌 삶을 살아 행복을 누릴 수 있지만, 그것은 참다운 영혼의 완성에서 오는 궁극적인 행복이 아닙니다.

교회는 신자의 영혼 안에 있는 완성되고 싶어 하는 성향 때문에 점점 더 온전해져 갑니다. 그 영혼의 성향은 곧 하나님의 은혜의 결과입니다. 하나님의 은혜의 통치입니다(고전 15:10). 그리스도께서는 교회를 더욱 온전하게 하고자 진리와 성령의 은혜로 교회를 다스리십니다.

마지막 날 임할 하나님의 나라는 인간의 문명이 진보함으로써 오는 것이 아닙니다. 세계와 인류 사회에 초월적으로 임할 것입니다(마 13:41~42, 16:27, 25:31). 그날이 올 때까지 교회는 초월적이지 않은 세상 안

사람이라면 나중 인간은 의덕(義德)의 사람이기 때문이다. …… 이 두 종류의 사람에 있어서, 옛 사람 즉 땅의 사람은 한 인간이 일평생 사는 동안 끌고 다니지 않을 수 없는 것이다. 모든 사람은 피할 수 없이 옛 사람으로 자신의 인생을 시작하기 마련이며, 더욱이 그가 죽음에 이르기 전까지는 비록 옛 사람이 쇠해가고 새 사람은 성장한다 할지라도 사는 동안에는 항상 이 옛 사람을 끌고 다니지 않을 수 없기 때문이다."(26,49-27,50). Avrelivs Avgvstinvs, *De Vera Religione*, in *Corpus Christianorvm Series Latina XXXII: Avrelii Avgvstini Opera*, Pars IV, 1 (Tvrnholti: Typographi Brepols Editores Pontificii, 1996), 217-219.

에서 이미 임한 하나님 나라의 통치와 복을 보여주도록 부름받았습니다(벧전 2:9). 그 일을 위해 교회와 그 몸의 지체인 신자는 점점 더 온전해져 갈 것입니다.

불완전한 자들로 완전한 교회를 이루어가심

교회를 향한 하나님의 사랑은 불완전한 자들을 모아 완전한 교회를 세워가심으로 나타났습니다(고후 13:9, 엡 4:12). 믿음이 없는 사람들에게는 이 세상의 무질서와 불순한 사상들, 수많은 고통을 그대로 둔 채 교회를 온전하게 하시는 하나님의 사역이 혼란스럽게 보일지 모릅니다. 그렇지만 완전하게 세워진 교회를 불완전한 신자로 채우신 것은 하나님의 놀라운 지혜입니다. 하나님께서 지상 교회에 불완전함을 남겨두신 데에는 이유가 있습니다.

불완전함을 보게 하심
첫째로, 교회가 자신의 불완전함을 보게 하기 위함입니다. 교회 안에는 신자와 불신자가 섞여 있습니다(계 3:9). 신자는 교회 안에 있는 중생한 자와 그렇지 못한 자를 완벽히 가려낼 수 없습니다. 비록 교회의 회원이 되는 과정을 통해 어느 정도 구별해낸다고 해도 완전한 구별은 불가능합니다. 따라서 신자는 어떤 사람이 명백한 범죄로 불신자임을 드러내지 않는 한, 보이는 교회의 모든 회원을 그리스도의 몸으로 여겨야 합니다.

어떤 사람들은 보편 교회의 회원이 아니면서도 보이는 교회에 속해 있습니다. 그 속에서 보이는 교회는 고통을 받습니다. 그렇지만 교회는 그 고통을 통해서 예수님의 사랑과 희생을 새삼 깨닫게 됩니다. 예수 그리스도께서 사랑하여 자기의 몸을 속죄 제물로 주셔서 구하고자 하셨던 세상 사람들이 교회 안에 들어와 있습니다. 그러나 그들을 사랑하지 못하는 모습을 보면서 신자는 자신의 사랑 없음을 깨닫습니다. 자신 안에 있는 사랑이 그리스도의 사랑과 얼마나 다른지를 알게 됨으로써 겸손해지게 됩니다.

그뿐만이 아닙니다. 교회에 참으로 구원받은 신자가 가득하다 해도 그들 모두 건강한 신자일 리 없습니다. 그들 중에는 은혜에서 멀어진 자들도 있고, 시험에 들어 죄가 가득한 신자도 있습니다. 그들의 불완전함으로 교회는 고통을 당합니다. 이때 신자는 자신도 교회의 한 지체이기 때문에 그 모든 상황에 대하여 책임이 있음을 통감하게 됩니다(고전 12:26). 그리고 교회의 그런 모습이 바로 자신 안에서 늘 경험하는 옛 본성과 새 본성 사이의 투쟁의 확대판임을 발견하게 됩니다.

자신 안에 있는 불완전함 때문에 아파하는 교회를 통하여 신자는 교회의 참된 희망이 교회를 붙들고 계신 그리스도께 있음을 깨닫습니다. 땅에 있는 신자가 끊임없이 성화되고 온전함을 추구한다고 해도 그것이 교회의 희망이 될 수는 없습니다. 교회의 유일한 희망은 아버지의 사랑으로, 아들을 통하여, 성령 안에서 구속하고 붙드시는 하나님의 은혜와 능력에 있습니다. 이 땅의 교회가 하나님의 은혜를 간절히 갈망해야 할 이유가 바로 여기에 있습니다.

완성을 갈망하게 하심

둘째로, 교회의 불완전함은 교회가 완성을 갈망하게 하기 위함입니다. 은혜에서 멀어진 신자라고 해도 그의 영혼 안에는 완전하게 되려는 성향이 있습니다(계 3:2). 은혜 가운데 있는 신자도 더욱 온전해지기를 갈망합니다. 이러한 영혼의 성향이 교회에 투영되어 교회의 완성을 갈망하게 합니다. 그런 점에서 온전해지고자 하는 개인의 갈망은 곧 교회의 완성을 향한 갈망이라고 말할 수 있습니다.

온전함에 이르기를 사모하는 영혼이 아름다운 것은 그것을 통해서 그리스도의 몸인 교회가 더욱 온전해지기 때문입니다. 참신자는 완전한 교회의 터 위에 있는 아직 완전하지 못한 교회를 바라보며 마치 완전하지 못한 자신의 영혼을 보는 것처럼 아파하며 교회의 온전함을 사모합니다. 이러한 마음은 의심할 여지없이 영혼과 교회의 주인이신 그리스도와 하나님을 향한 사랑에서 비롯되는 것입니다. 즉 **카리타스** 사랑의 열매입니다.

우리는 그 사랑 안에서 교회의 온전함을 위해 헌신하며 살아야 합니다. 신자 개개인의 영혼의 건강이 스스로 온전해지기를 사모하는 데서 유지되듯이 교회 공동체의 영적 건강 역시 교회 자신이 온전해지기를 갈망할 때 유지됩니다(고전 1:10, 엡 4:13, 골 3:14). 그때 교회는 그리스도와의 실제적인 연합을 풍성히 누리게 될 것입니다.

하나님을 의지하게 하심

셋째로, 교회의 불완전함은 교회가 하나님을 의지하게 하기 위함입니다. 교회는 그 불완전함 때문에 하나님을 더욱 갈망하고 의존합니다.

교회가 겪는 고난은 그 교회가 의지하는 것이 무엇인지를 분명히 드러내는 방편입니다. 교회는 한편으로는 신자의 불완전함으로 인하여 고통당하고, 다른 한편으로는 하나님을 대적하는 세상의 악함으로 인하여 고통당합니다. 그렇지만 사랑은 그 모든 상황으로 인해서 하나님을 의지하게 합니다.

교회는 박해를 당하고 신자는 고난을 받아도 사랑은 생명처럼 소중한 것을 지키게 합니다. 그것이 바로 하나님을 향한 절대 의존의 마음입니다. 사랑은 의존의 마음입니다. 이것은 신자가 참된 신자로 살아갈 때에도, 교회가 그리스도와의 실제적인 연합을 더욱 공고히 누리기 위할 때에도 절대적으로 필요합니다.

그러므로 완전하게 세우신 교회를 여전히 불완전한 상태로 남겨두신 것은 신자가 하나님을 더욱 의지하게 하기 위함입니다. 교회 안에 여러 조직이 있으나 신자는 조직이 아니라 하나님을 의지합니다. 많은 일로 하나님과 지체 그리고 이웃을 섬기지만 자신의 능력이 아니라 그리스도의 중보의 공로를 의지합니다. 진리를 전하는 설교자가 있으나 설교자가 아니라 설교자를 붙드시는 하나님을 의존합니다. 신자는 천상과 지상의 복을 누리고 있음에도 불구하고 그것들을 의지하지 않습니다. 그 모든 만물의 근원이신 하나님을 의지합니다.

이처럼 교회에 불완전함을 남겨두신 것은 하나님의 측량할 수 없는 지혜로 인한 것입니다. 교회의 불완전함으로 인하여 신자는 하나님을 더욱 의지하게 되고, 그 의지함 안에서 하나님께서는 더욱 영광을 받으실 것이기 때문입니다.

맺는말

교회는 불완전한 사람들의 연합입니다. 그래서 지상 교회를 사랑하는 일에는 아픔이 동반됩니다(골 1:24). 이것은 이중적인 면에서의 미완성 때문입니다. 사랑받는 대상이 완전하지 않다는 점과 사랑하는 주체 역시 불완전하다는 점이 그것입니다(마 5:48). 그리하여 신자는 불완전한 존재로 미완성의 존재를 사랑합니다.

더욱이 신자는 단지 교회 안에 있는 지체만 사랑하도록 부름받지 않았습니다. 신자는 하나님과 신자를 사랑할 뿐 아니라 교회 밖의 사람들도 사랑합니다. 교회는 세상의 치열한 핍박을 받을 때 비진리와 싸우지만, 자기를 박해하는 자들까지도 사랑하도록 부름받았습니다(마 5:44).

그래서 그리스도인의 진정한 영적 생활은 고통당하는 삶 속에서 꽃핍니다(롬 9:1, 빌 1:30). 교회는 하나님의 섭리 가운데 많은 날을 고통 속에서 보내며, 신자는 그 고난에 참여합니다(롬 8:17, 빌 1:29). 그러나 고난으로 인하여 교회는 세상 속에서 자신의 정체성을 확인받고, 자신과는 다른 이유로 고통당하는 세상에 하나님의 사랑을 보여줍니다(행 20:35, 살후 3:9).

신자는 고난을 피하고자 애쓰는 대신, 자신도 그 안에서 그리스도의 몸의 완전한 지체로서 살기를 힘써야 합니다. 하나님을 의지하며 고난과 정면으로 마주하고 고난을 겪음으로 그리스도의 몸이 온전하게 되도록 살아야 합니다.[4]

이처럼 지체의 결함과 단점은 은혜받은 신자에게 그리스도를 위한 소명이기도 합니다. 부족한 지체를 섬기는 그들의 헌신을 통해 그리스도께서 당신의 몸인 교회를 더욱 온전하게 하시기 때문입니다. 온전해져 가는 교회를 바라보고 즐거워하는 사람, 그가 바로 참된 신자입니다.

---

[4] 김남준, 『교회와 그리스도의 남은 고난』 (서울: 생명의말씀사, 2015), 65.

Study Guide

내용 이해를 위한 토의

1. 지상의 교회가 원리적인 측면에서 완전한 이유와 실제적인 측면에서 불완전한 이유는 무엇입니까?

2. 하나님께서는 불완전한 교회를 완전하게 하십니다.
   - 교회의 온전함을 이루는 두 가지 요소는 무엇입니까?
   - 교회의 온전함은 무엇을 통해 드러납니까?
   - 하나님께서 인간의 영혼 안에 두신 지향성은 교회를 온전하게 합니다.
     - 목적인으로서 영혼의 지향성은 무엇이며, 이것은 교회의 완전함과 어떤 관련이 있습니까?
     - 완성인으로서 영혼의 지향성은 무엇이며, 이것은 교회의 완전함과 어떤 관련이 있습니까?

3. 하나님께서 지상 교회에 불완전함을 남겨놓으신 데에는 이유가 있습니다.
   - 신자는 교회의 불완전함을 봄으로써 무엇을 깨닫게 됩니까?
   - 신자가 교회의 완성을 더욱 갈망하게 되는 이유는 무엇입니까?
   - 교회가 자신의 불완전함 가운데 하나님을 더욱 의지하게 되는 이유는 무엇입니까?

4. 이중적인 면에서의 미완성으로 인해 지상 교회를 사랑하는 일에는 아픔이 동반됩니다. 이중적인 면에서의 미완성이란 무엇이며, 이때 신자에게 필요한 마음가짐은 무엇입니까?

적용과 실천을 위한 나눔

1. 교회는 박해를 당하고, 신자는 고난을 받아도 사랑은 그 모든 상황으로 인해서 하나님을 의지하게 합니다. 사랑은 절대 의존의 마음입니다. 모든 신자가 하나님을 절대적으로 의존하고 싶어 합니다. 그렇지만 그것이 잘 되지 않습니다. 그러면 우리가 어떻게 해야 하나님을 절대적으로 의지할 수 있을까요?

2. 우리 눈에는 완전하게 세워진 보편 교회가 아니라 불완전한 신자가 먼저 보입니다. 그렇지만 우리 역시 불완전한 신자일 뿐입니다. 우리도 알지 못하는 누군가의 용서와 용납, 기도와 헌신이 있었기에 지금 이 자리에 이를 수 있었습니다. 지체에게 용서와 용납 또는 깊은 사랑을 받은 기억이 있다면 나누어 봅시다.

제3장
사랑과 교제

caritas et societas

신자는 교회라는 한 몸 안에서 하나님의 사랑을 배웁니다. 때로는 그 사랑이 부족하지만 서로 용서함으로써 온전한 사랑이 무엇인지를 배워갑니다. 그럼으로써 교회는 재창조될 세상이 '사랑의 사회'임을 이 세상에 보여줍니다.

Chapter 1
교회, 재창조의 씨앗

두 창조

교회는 하나님께서 다시 창조하실 세계의 모습이 어떠할지를 미리 보여주는 공동체입니다. 하나님께서 처음 창조하신 세상은 인간의 죄로 인하여 본래의 영광을 상실했고, 생명 대신 죽음이 세상에 들어왔습니다(롬 5:12). 하나님께서는 이렇게 망가진 세상을 다시 새롭게 하십니다(계 2:5). 이것이 세계의 재창조입니다.

'재창조'란 죄로 인하여 망가진 세상을 창조의 목적으로 돌아가도록 만드는 하나님의 사역입니다. 그렇지만 이것은 타락 이전 상태로 돌아가는 단순한 복원이 아닙니다. 오히려 구속의 역사를 통해서 하나님의 선하심과 아름다움이 충만하게 드러나는 상태입니다. 우리는 세계의 재창조에 대해 이야기할 때 다음의 사실들을 고려해야 합니다.

첫 창조

먼저 첫 창조의 탁월성과 파괴입니다. 처음 세상을 창조하셨을 때 하나님께서는 하늘나라와 지상 나라를 만드셨습니다(창 1:1). 그리고 두 세계 모두에서 당신의 충만한 신성의 영광을 드러내고자 하셨습니다(롬 1:20). 그래서 하늘나라에서는 천사들이 하나님을 섬기게 하셨고, 이 땅의 나라에서는 인류를 대리자로 삼아 피조 세계를 다스리게 하셨습니다(창 1:28).

지상의 나라는 하나님의 영광으로 충만했지만, 그 영광은 인간의 노동을 통해 더욱 증진될 수 있는 것이었습니다. 다시 말하면 하나님께서는 이 세상에 '현실적인 아름다움(현실태로서의 아름다움, beauty of actuality)' 뿐 아니라 '실현 가능한 아름다움(가능태로서의 아름다움, beauty of potentiality)'도 주셨습니다. 하나님께서 이 세상에 두신 아름다움은 이미 창조된 세상에서 빛났지만 인간의 노동을 통해 증진될 것이었습니다.

이 일을 위해 하나님께서는 인간을 하나님의 형상을 따라 지으셨습니다(창 1:26). 인간에게 하나님을 닮은 지성과 의지를 주어 스스로 선택하고 결정하며 행동할 수 있게 하셨습니다. 또한 영혼을 주어 하나님의 뜻을 이해하고 하나님을 사랑함으로써 하나님과 교통하게 하셨습니다. 이처럼 인간은 하나님께서 세상을 창조하신 뜻과 의도를 깨달아 하나님의 영광을 드러내야 할 존재로 창조되었습니다.

창조 사역에 나타난 삼위의 경륜

천지 창조는 삼위 하나님의 일치된 경륜으로 이루어졌습니다. 모든 만물은 성부 하나님의 계획에 의해 창조되었습니다. 그렇지만 말씀이신 성자 하나님을 통하여 창조되었습니다.

"태초에 말씀이 계시니라 이 말씀이 하나님과 함께 계셨으니 이 말씀은 곧 하나님이시니라 … 만물이 그로 말미암아 지은 바 되었으니 지은 것이 하나도 그가 없이는 된 것이 없느니라"(요 1:1~3).

세상은 또한 성령 안에서 창조되었습니다.

"태초에 하나님이 천지를 창조하시니라 땅이 혼돈하고 공허하며 흑암이 깊음 위에 있고 하나님의 영은 수면 위에 운행하시니라"(창 1:1~2).

"하나님의 영"인 성령은 수면 위를 운행하셨습니다. 우리는 "운행"이라는 단어 때문에 마치 버스가 도로 위를 왔다 갔다 하듯이 성령이 물 위를 오간다고 생각합니다.

그렇지만 '운행하다'라는 뜻의 히브리어 단어 '메라헤페트(מְרַחֶפֶת)'는 '닭이 알을 품고 있는 것처럼 감싸고 있는 것'을 뜻합니다.[1] 즉 닭이 알을 품고 있듯이 수면보다 훨씬 크신 성령이 수면을 감싸 안고 있는 상태입니다. 이는 성령이 창조된 질료를 온통 덮어서 감싸고 계시는 것을 보여줍니다.

모든 피조물의 재료라고 할 수 있는 질료가 성령 안에서 개별 사물로 구체적으로 창조되어 만물은 성령 안에서 놀라운 상호 연관을 갖게 되었습니다(시 19:1~4).

---

1) Francis Brown, Samuel Rolles Driver, and Charles Augustus Briggs, *The Brown-Driver-Briggs Hebrew and English Lexicon with an appendix containing the Biblical Aramaic* (Peabody: Hendrickson Publishers, 2003), 934.

자연 세계를 생각해보십시오. 만물은 다른 사물들과 상호 작용 속에서 도움을 주고받으며 존재합니다. 미생물과 식물, 동물 심지어 공기와 물의 작용까지도 모든 것이 서로 연관을 가지고 질서 있는 조화를 이룹니다(골 1:16). 이는 삼위 하나님 안에서의 사랑의 교통을 반영합니다. 즉 삼위 하나님께서 사랑으로 교통하시는 것처럼 피조 세계의 모든 것도 하나님의 사랑 안에서 상호 연관을 이루며 아름다움을 드러냈습니다.

첫 창조 세계의 아름다움 : 교통하는 사랑

인간의 영혼에는 아는 것과 관련된 지성(知性) 그리고 사랑하는 것과 관련된 애성(愛性)이라는 두 가지 주요한 기능이 있습니다. 지성과 애성은 창조 세계를 정복하고 다스리도록 인간에게 위탁하신 두 명령, 곧 문화 명령과 종교 명령을 수행하는 데 꼭 필요한 기능입니다(창 1:28, 2:17). 애성은 사랑할 수 있는 능력과 사랑 자체로 이루어져 있습니다. 인간은 사랑할 수 있는 능력을 부여받았습니다. 이 능력은 애호(愛好)와 혐오(嫌惡), 즉 아름다운 것을 애호할 능력과 추루한 것을 혐오할 능력으로 구분됩니다.

인간은 태어날 때부터 무엇인가를 사랑하지 않을 수 없는 존재입니다. 그러나 인간이 어떤 것을 봄으로써만 사랑하게 되는 것은 아닙니다. 존 로크(John Locke, 1632~1704)와 같은 경험주의자들이 말하는 것처럼 최초의 인간은 사랑에 있어서 백색서판(白色書板, *tabula rasa*)의 상태로 태어나지 않았습니다.[2] 인간에게는 사랑 자체가 있기 때문입니다. 그 사랑은 인간이 마땅히 사랑해야 할 대상에 대한 것입니다. 인간의 사랑의 대상을 자세히 살펴보면 다음과 같습니다.

첫째로, 하나님입니다. 처음 인간은 자신을 창조하신 하나님을 알고 사랑하는 성향을 갖고 있었습니다. 인간은 하나님에 대해 올바로 알면 알수록 더욱더 그분을 사랑할 수 있는 존재로 창조된 것입니다.

둘째로, 인간입니다. 아담은 하와를 처음 보았을 때 이렇게 고백했습니다.

"아담이 이르되 이는 내 뼈 중의 뼈요 살 중의 살이라 이것을 남자에게서 취하였은즉 여자라 부르리라"(창 2:23).

이는 단지 하와가 자기 신체의 일부로 창조되었음을 고백하는 것이 아닙니다. 인류 최초의 부부가 사랑을 기초로 결합했음을 보여주는 것입니다. 이 사랑의 고백은 부부 관계를 넘어 하나님께서 만드시려고 한 사회가 어떤 것이었는지를 보여줍니다. 그것은 사랑의 사회였습니다.

셋째로, 다른 피조물들을 향한 선의입니다. 하나님을 대신하여 이 세상을 다스리려면 하나님의 마음을 가진 사람이 되어야 했습니다. 하나님의 사랑은 인간으로 하여금 자연만물에 대해 '선량한 관리자'가 되게 합니다. 그래서 처음 인간은 이러한 사랑의 질서 안에서 탁

---

[2] John Locke, *An Essay concerning Human Understanding* (Oxford: Clarendon Press, 1979), 162-163, 229-230.

월한 선의를 가지고 만물을 대했습니다(창 2:19).

이처럼 삼위 하나님의 교통은 인간에게도 반영되었습니다. 인간은 자신을 중심으로 위로는 하나님과 사랑의 교통을, 옆으로는 인간들 사이에서 사랑의 연합을, 아래로는 모든 피조물을 선의로 돌봄으로써 상호 연관을 이루고 있었습니다. 그리고 이러한 상호 연관은 궁극적으로 하나님을 더욱 사랑하게 했습니다.

죄의 결과

첫 창조의 아름다움은 교통하는 사랑의 아름다움이었습니다. 그것은 참으로 탁월한 것이었습니다. 그러나 인간의 타락과 함께 이 모든 것은 깨어졌습니다. 죄로 인한 아름다움의 깨어짐을 다섯 가지로 나누어 설명할 수 있습니다.

첫째로, 하나님과의 교통이 깨어졌습니다(창 3:8). 범죄함으로써 인간은 영혼의 아름다움을 잃어버리게 되었습니다. 그리고 인간 본성에 변화가 생겼습니다. 그것은 바로 인간이 하나님을 향해 적의(敵意)를 품게 된 것입니다(롬 5:10, 8:7). 아담과 하와의 타락은 하나님을 향하던 사랑의 방향을 자신에게로 향하게 했습니다. 창조주 하나님을 경배하고 창조된 세계를 다스리도록 위탁받은 인간 안에 있어야 할 사랑은 자기 사랑으로 변했고, 자기를 사랑하게 된 인간은 하나님을 미워하게 되었습니다(시 78:19). 반감과 적대감으로 이루어지는 하나님을 향한 적의는 죄의 결과였습니다.

둘째로, 인간들 사이의 교통이 파괴되었습니다. 죄가 들어오기 전 아름다운 사랑 고백의 대상이었던 여자는 이제 남자에게 괴로움을 주는 존재가 되었습니다(창 2:23, 3:12). 원래 둘 사이에는 어떠한 다툼도 없었으나, 두 사람이 각자 죄를 짓자 하나님을 향한 사랑이 깨어졌고, 그것은 둘 사이의 사랑도 깨어지게 했습니다.

"이르시되 누가 너의 벗었음을 네게 알렸느냐 내가 네게 먹지 말라 명한 그 나무 열매를 네가 먹었느냐 아담이 이르되 하나님이 주셔서 나와 함께 있게 하신 여자 그가 그 나무 열매를 내게 주므로 내가 먹었나이다"(창 3:11~12).

사랑의 관계는 죄로 인하여 미움과 갈등의 관계가 되었습니다. 그 미움은 살인으로 발전했고(창 4:8), 이것은 이후에 태어날 인류가 어떠한 미움과 갈등으로 서로를 대적하게 될지를 보여주는 예고편이었습니다(롬 5:12~19).

셋째로, 다른 피조물과의 관계가 깨어졌습니다. 선한 관리자로 피조물을 돌보아야 할 인간은 자연을 파괴하고 무분별하게 정복했습니다. 또한 하나님께서 창조하신 질서를 벗어난 자연은 여러 자연재해로 인간을 위협했고, 자연과 인간은 대적하는 관계가 되었습니다(롬 8:22).

넷째로, 피조물과 피조물 사이의 관계가 깨어졌습니다. 한 성령 안에서 창조되어 상호 연관을 이루던 피조물은 아름다운 연관의 상당 부분을 상실하게 되었습니다. 서로가 서로의 존재 목적에 기여하던 방식이 상당 부분 대립과 투쟁으로 바뀌게 되었습니다. 그리하여 인간 세계에서 일어나는 모든 치열한 생존 경쟁과 다툼, 죽음과 고통 등이 다른 피조물 가운데서도 일어나게 되었습니다(창 4:8).

다섯째로, 인간은 자기 자신과의 관계가 파괴되었습니다. 범죄로 인하여 하나님과의 사랑의 관계에서 이탈하게 되자 그의 영혼과 육체, 정신과 마음은 전에 가지고 있었던 통일성과 조화를 잃어버려 끝없는 불안과 부조화에 시달리게 되었습니다.

인간의 타락으로 만물 사이에 있던 상호 연관은 상당 부분 망가지게 되었습니다. 사물들 사이의 아름다운 연결이 깨어지게 되었습니다. 이러한 이치를 인류 사회에 적용해보십시오. 개인과 사회 사이에는 놀라운 목적 연관이 있습니다. 처음에 자연 사물들은 균형과 질서, 절제와 조화 속에 상호 연관을 맺으며 하나의 목적을 향하고 있었습니다. 도덕적 사물인 인간도 마찬가지입니다. 인간은 자신의 개별적인 존재와 인간 사회 사이에 분명한 목적 연관을 가지고 있었습니다(마 19:4, 엡 2:10). 그러나 이러한 것들이 인간의 타락으로 깨어지게 되었습니다. 인간은 자기 사랑에 빠져 다른 사람, 사회를 위하기보다는 자기의 이기적인 욕심을 따라 살게 되었고, 그것은 결국 갈등으로 가득한 인간 사회를 이룩했습니다.

재창조

다음으로 우리는 재창조의 의미를 생각해보아야 합니다. 하나님께서는 죄와 타락으로 망가진 세상을 버리지 않으셨습니다. 다시 새롭게 하실 것을 계획하셨습니다. 이것이 재창조입니다.

재창조를 위한 계획의 첫 번째 실행은 인간을 구원하시는 것입니다. 첫 창조 때는 자연 만물을 모두 만들고 마지막에 인간을 창조하셨습니다. 그러나 재창조를 위해서는 인간을 먼저 부르십니다. 인간을 구원하여 교회를 이루게 하시고, 한 성령 안에서 하나님을 사랑하게 하십니다. 그럼으로써 사람들을 사랑하고, 피조 세계를 선대하여 다시 만물의 상호 연관의 중심이 되게 하십니다.

첫 창조의 세계를 다스리는 권한은 아담에게 위임되었지만, 재창조의 나라에서는 예수 그리스도께서 머리가 되십니다. 그리스도께서는 구속을 통해 교회를 이루셨습니다. 교회는 이 세상에서 그리스도의 나라, 곧 하나님의 나라를 확장해가는 도구입니다. 이 세상에서 하나님의 나라가 확장되어가는 과정은 아담이 세상을 정복하고 다스려 나가는 과정에 비교될 수 있습니다. 그리고 마지막 날 완전한 재창조가 이루어질 때 그리스도는 온 세상의 머리가 되실 것입니다(엡 1:10, 4:6).

따라서 교회는 한편으로는 끊임없이 이 세상 사람들이 구원받아 하나님 나라의 백성이 되도록 해야 합니다. 또 다른 한편으로는 재창조된 세계에서 구현될 하나님의 아름다움과 그리스도의 머리 되심, 삼위 안에 있는 아름다운 교통을 교회 안에서 먼저 구현해야 합니다.

두 창조의 연관

첫 창조와 재창조는 서로 완전히 다른 것이 아닙니다. 두 창조 사이에는 밀접한 연관이 있습니다. 이러한 사실을 자세히 살펴보려면 다음 두 가지가 반드시 지적되어야 합니다.

재창조는 첫 창조의 완성을 바라봄

먼저 재창조는 첫 창조의 완성을 바라봅니다. 첫 창조와 재창조 사이에는 다음과 같은 연속성이 있습니다.

첫째로, 재창조는 첫 창조의 목적을 계승합니다. 구속의 목적은 세계와 인류를 첫 창조 상태로 돌아가게 하는 것이 아니라 창조의 목적으로 돌아가게 하는 것입니다. 곧 그리스도의 구속으로 말미암는 재창조는 첫 창조가 이미 가지고 있던 목적, 곧 하나님을 영화롭게 하는 것을 추구합니다.

인간의 범죄로 처음 창조된 세상이 더럽혀졌다고 해도 그것이 하나님의 천지 창조 목적을 실패로 돌아가게 할 수는 없었습니다. 비록 인간은 타락했고 창조 세계는 본래의 영광을 잃어버렸으나 하나님께서는 놀라운 지혜로 하나님의 충만한 영광을 이 세상에 다시 드러내십니다(롬 11:36).

둘째로, 재창조는 창조의 목적인 역동성과 전진성을 계승합니다. 창조의 목적은 창조된 상태 그대로의 보전이 아니라 인간의 노동과 섬김을 통해서 하나님의 영광을 더욱 풍성히 드러내는 것이었습니다. 만약 인간이 타락하지 않았다면 모든 피조 세계 안에서 창조의 아름다움은 유지되었고, 인간의 노동을 통하여 하나님의 아름다움과 영광은 날마다 증진되었을 것입니다.[3]

---

3) John H. Gerstner, *Jonathan Edwards on Heaven and Hell* (Morgan: Soli Deo Gloria, 1998), 23-24.

그리스도의 구속을 통한 재창조는 첫 창조의 목적을 계승합니다. 그렇지만 재창조는 그 이상을 바라봅니다. 인간이 타락하지 않았다면 미처 알지 못했을, 또는 적게 알 수밖에 없었을 하나님의 선하심과 아름다움은 인간의 죄로 인한 구속의 역사 속에서 더욱 찬란하게 빛날 것입니다. 그래서 그리스도의 구속을 통해 드러날 하나님의 영광은 첫 창조의 상태가 드러냈을 영광을 능가합니다. 이처럼 재창조는 첫 창조의 목적 그 이상을 바라봅니다.

교회, 재창조의 완성을 위한 씨앗

다음으로 교회는 재창조의 완성을 위한 씨앗이라는 사실입니다. 그리스도를 머리로 하여 세워진 교회는 마지막 그날에 완성될 세계가 어떠할지를 미리 보여주기 위해 존재합니다.

현대 문명은 인생의 의미와 행동의 가치를 묻기보다는 생활의 안락함과 욕망의 충족에 골몰하게 합니다. 이 때문에 인간은 가치가 적고 의미가 없는 일에 인생을 소진하게 되었습니다(롬 8:20). 물질문명은 생활의 편리함을 가져왔으나 한편으로는 인간이 세계와 이웃, 자신으로부터 더욱 심각한 소외를 경험하게 했습니다. 그래서 결국 하나님을 향하여 살아야 할 인간은 잠시 있다 사라질 세상을 위하여 살게 되었습니다.

교회는 완성된 세상에서 이루어질 올바른 사랑의 질서를 먼저 도입하여 누림으로써 이 세상에 올바른 사랑의 질서가 무엇인지를 보여줍니다. 그리고 그 질서에서 이탈하려는 정욕에 대항하여 회개와 믿음으로 싸우는 공동체입니다.

우리는 완성될 세계에서 창조주 하나님을 중심으로 하는 질서 아래 살아갈 것입니다. 그 질서는 예수 그리스도를 통하여 이루어졌습니다.

그날이 되면, 하나님을 정점으로 만물의 존재 질서가 재편되고, 그 존재의 질서에 부합하는 가치의 질서가 세워질 것입니다. 그리고 인간은 그 질서를 따라 살아갈 것입니다. 성경은 이것을 "새 하늘과 새 땅"이라고 말합니다(벧후 3:13, 계 21:1).

그토록 영광스럽게 재창조될 세계와 인류의 첫 열매가 바로 교회입니다. 지상의 교회는 마지막 날 충만하게 누릴 사랑의 교통을 바라보며 그 나라에서 실현될 삶의 질(質)을 미리 누리는 곳입니다.

신자는 교회 안에서 위로는 하나님과 교통하고, 옆으로는 지체를 사랑합니다. 이러한 사랑의 교통은 이 세상을 향해서도 확장됩니다(엡 4:2). 그래서 신자는 교회 밖의 이웃을 자신의 몸처럼 사랑합니다. 그로 인해 세상은 교회의 머리 되신 그리스도를 알게 될 것입니다. 이처럼 교회는 세계가 완성될 때까지 영적인 한 몸으로 그리스도를 보여주기 위해 이 세상에 존재합니다.[4]

---

[4] 아우구스티누스는 세 가지 방식으로 그리스도를 알 수 있다고 설교한다. "첫째 방식은 그리스도께서 육신을 입으시기 전에 성부와 동등하시며 동등하게 영원 안에 계시는 하나님, 곧 신성을 가지신 분으로 아는 것입니다. 둘째 방식은 그리스도께서 육신을 입으신 후에 하나님이시자 동시에 사람이신 분으로, 또 사람이시자 동시에 하나님이신 분으로 이해하는 것입니다. 이는 그분에게만 고유한 탁월함이며 다른 인간 존재들과는 같지 않습니다. …… 셋째 방식은 교회의 충만함 안에서 교회를 '모든 그리스도의 몸'(whole Christ)으로 여기는 것입니다. 그것은 교회의 머리와 몸을 말하는 것인

맺는말

인류의 구속이라는 하나님의 위대한 경륜의 목적은 단지 타락 이전의 세계로 돌아가게 하는 것이 아닙니다. 그것은 장차 나타날 위대한 하나님의 영광의 시작점일 뿐입니다. 교회는 그 영광스러운 재창조의 씨앗으로 부름받았습니다.

인류 구속의 완성과 함께 이루어질 재창조는 인간과 교회는 물론 모든 세계와 만물을 포함합니다(롬 8:19~21). 재창조의 때에 인간의 죄와 타락으로 말미암아 잃어버린 첫 창조의 영광스러운 광휘가 온 세상에서 다시 회복될 것입니다. 그리고 이 세상은 하나님을 아는 지식으로 가득할 것입니다. 교회는 미래에 이루어질 이러한 완전한 사회가 어떠한 곳인지를 미리 경험하는 곳입니다.

그러나 아직 이 세상의 교회는 미래에 완성될 사회와 같지 않습니다. 그 사회는 더 이상 죄와 죄의 결과인 비참이 없는 곳이지만 현재의 교회는 여전히 불완전하기 때문입니다.

그래서 하나님께서는 모든 신자를 말씀과 성령으로 성화되게 하심으로써 점점 더 온전한 사람이 되게 하십니다. 그리고 우리는 그 성화의 과정에서 나의 노력이 아닌 하나님의 은혜만을 찬양하게 될 것

데, 우리 각자가 그 몸의 지체가 됨으로 온전한 사람을 완성해 나가는 것입니다(엡 4:13)." 이는 그리스도를 신분과 상태에 따라 '성육신하지 않으신 그리스도'(Christos asarkos), '성육신하신 그리스도'(Christos sarkos), '승천하신 그리스도'(Christos ascensus)로 나눈 것이다. Saint Augustine, *The Works of Saint Augustine*, vol. III/10: Sermons (341–400) (New York: New City Press, 1995), 19.

입니다.

"우리 가운데서 역사하시는 능력대로 우리가 구하거나 생각하는 모든 것에 더 넘치도록 능히 하실 이에게 교회 안에서와 그리스도 예수 안에서 영광이 대대로 영원무궁하기를 원하노라 아멘"(엡 3:20~21).

Study Guide

내용 이해를 위한 토의

1. 삼위 하나님의 교통하시는 아름다움은 창조 세계 안에 새겨졌습니다.
   - 하나님께서 창조 세계 안에 두신 현실적인 아름다움과 실현 가능한 아름다움에 대해 설명해봅시다.
   - 상호 연관이란 무엇이며, 모든 만물이 상호 연관을 누리게 된 이유는 무엇입니까?
   - 인간이 사랑하고 선대해야 할 대상을 나누어 설명해봅시다.
   - 죄가 창조 세계에 미친 결과를 교통하는 사랑의 깨어짐에 따라 설명해봅시다.

2. 하나님께서는 망가진 세계를 다시 새롭게 하십니다.
   - 하나님께서 재창조를 위해 첫 번째로 행하신 일은 무엇입니까?
   - 재창조될 세상의 모습이 어떠할지 설명해봅시다.
   - 재창조될 세상을 위한 교회의 역할은 무엇입니까?

3. 첫 창조와 재창조는 밀접한 연관이 있습니다.
   - 목적의 측면에서 첫 창조와 재창조는 어떻게 연관됩니까?
   - 교회가 재창조의 완성을 위한 씨앗이라는 말의 의미는 무엇입니까?

- 교회는 완성될 세계에서 누릴 사랑의 질서를 미리 누립니다. 그 사랑의 질서는 어떠한 것입니까?

적용과 실천을 위한 나눔

1. 교만하여 높아졌던 우리가 우리에게 합당한 자리로 내려가는 것, 그래서 하나님의 뜻에 기꺼이 복종하는 것을 바라본 다윗은 이렇게 노래합니다. "하나님이여 주는 하늘 위에 높이 들리시며 주의 영광이 온 땅에서 높임 받으시기를 원하나이다"(시 108:5). 이러한 인간의 태도로 하나님의 영광은 이 땅에 더욱 충만해집니다. 그러면 어떻게 해야 교만한 인간이 피조물의 자리로 돌아갈 수 있을까요?

2. 현대 문명은 인간으로 하여금 생활의 안락함과 소비를 통한 욕망의 만족에 골몰하게 합니다. 그 속에서 현대인은 가치가 적고 의미가 없는 일에 자기 인생을 소진하며 살아갑니다. 요즘 자신이 하고 있는 일이나 보내고 있는 시간 중 별로 가치가 없다고 여겨지거나 과도하게 자신의 것(시간이나 물질, 노력 등)을 소비하고 있는 것이 있다면 나누어보고 이를 절제할 방법을 생각해봅시다.

Chapter 2

사랑 안에서 교제함

성령 안에서의 창조

신자에게 혼자 사는 삶이란 없습니다. 그는 교회 공동체 안에서 다른 지체들과 함께 성령의 교통하심을 누립니다(고후 13:13). 이러한 삶을 '성도의 교통' 또는 '성도의 교제'라고 부릅니다(행 2:42, 빌 2:1~2). 이것은 사람들 간의 단순한 사귐이나 우호적 관계를 가리키지 않습니다. 사도신경에서 고백하는 '성도가 서로 교통하는 것'에서 언급된 '교통'을 의미합니다.

그 교통 안에서 신자는 자신이 그리스도께 접붙여진 한 몸임을 확인하며 교회의 지체로서의 삶을 살아갑니다(고전 12:12, 26). 하늘 생명과 사랑으로 한 몸이 된 다른 지체와 불가분의 관계로 살아갑니다. 이는 신자와 교회 모두 성령 안에서 창조되었기 때문입니다. 이러한 사실을 자세히 살펴보려면 다음 사항을 생각해야 합니다.

인간을 창조하심

먼저 인간의 창조에서 성령의 사역입니다. 인간의 창조와 재창조는 모두 성령 안에서 이루어졌습니다. 이것을 자세히 살펴보면 다음과 같습니다.

첫째로, 인간의 창조에서 성령의 사역입니다. 하나님께서 흙으로 빚으신 것이 인간의 육체라면, 생기를 불어넣으신 것은 성령이 영혼을 창조하여 인간에게 부여하신 사건입니다. 이로써 인간은 '살아 있는 사람'이 되었습니다(창 2:7). 인간의 영혼은 육체를 다스리고, 하나님께서는 인간 영혼의 주가 되십니다. 그래서 하나님의 생명이 영혼에게 부어져 그 영혼의 생명이 육체를 올바로 다스릴 때 인간은 창조 목적에 따라 살게 됩니다.

둘째로, 인간의 중생에서 성령의 사역입니다(요 3:5). 인간의 타락은 육체와 영혼 모두에 죽음을 가져왔습니다(창 2:17, 롬 5:12). 그러나 죽음의 성격은 각각 다릅니다. 육체의 죽음은 몸의 모든 기능이 영구히 정지된 상태를 말합니다. 영혼의 죽음은 하나님으로부터 공급되던 하늘 생명과 사랑을 얻지 못하는 상태를 가리킵니다. 이에 대하여 성경은 말합니다.

"모든 사람이 죄를 범하였으매 하나님의 영광에 이르지 못하더니"(롬 3:23).

이 구절은 인간이 하나님의 영광에 도달하지 못하게 되었다는 의미가 아닙니다. '하나님의 영광'은 '하나님이 인간에게 부여하신 영광'

이며(시 8:5), '이르지 못하다'는 '모자라다'의 의미입니다.[1] 따라서 이 구절은 인간이 타락함으로써 하나님께서 원래 인간에게 부여하신 영광에 모자라게 되었다는 것을 의미합니다. 여기에서 인간의 영광은 하나님과의 관계에서 오는 영광을 말합니다(시 8:4~8). 인간은 원래 하나님께 부여받은 영광을 누리고 있었는데, 타락하여 그것을 대부분 잃어버렸습니다(살후 1:9).

그 영광은 인간이 성령 안에서 누리는 하나님의 생명과 사랑입니다(요 6:33, 15:17). 하늘로부터 공급되던 하늘 생명과 사랑이 끊어지자 인간은 살아 있으나 살아 있지 못한 존재로 전락하고 말았습니다. '인간이 살아 있다'라는 말은 단지 자연적인 생존만을 의미하는 것이 아니기 때문입니다. 이것은 하나님의 창조 목적에 따라 주체적으로 살아가는 것을 가리킵니다(계 3:1).

그래서 하나님께서는 죽어 있는 인간의 영혼을 다시 살리십니다. 이것이 인간의 재창조입니다. 중생으로 영혼의 살림을 받은 신자는 그리스도께 접붙여집니다(롬 11:17). 그럼으로써 그를 진정으로 살아 있

---

[1] James D. G. Dunn, *Romans 1-8*, in *Word Biblical Commentary*, vol. 38A (Dallas: Word Books Publisher, 1988), 167-168; Thomas R. Schreiner, *Romans*, in *Baker Exegetical Commentary on the New Testament*, vol. 6 (Grand Rapids: Baker Academic, 2003), 187; Douglas J. Moo, *The Epistle to the Romans*, in *The New International Commentary on the New Testament* (Grand Rapids: Wm. B. Eerdmans Publishing Company, 1996), 226-227; Walter Bauer, Frederick W. Danker, W. F. Arndt, and F. W. Gingrich, eds, *A Greek-English Lexicon of the New Testament and Other Early Christian Literature*, 3rd ed. (Chicago: University of Chicago Press, 2000), 1043-1044.

게 하는 하늘 생명과 사랑을 그리스도를 통하여 성령 안에서 공급받습니다. 따라서 중생은 개인적인 사건인 동시에 공동체적인 것입니다. 왜냐하면 신자가 누리는 생명과 사랑은 이미 그리스도의 몸을 이루고 있던 교회에 주어진 것인데, 그가 교회에 접붙여져 그것을 함께 누리는 것이기 때문입니다.

교회를 창조하심

다음으로 생각해 볼 것은 교회의 창조에서 성령의 사역입니다(행 2:1~4). 교회를 세우실 계획은 성부에 의해 수립되었습니다. 성자는 그 일을 위해 자신의 몸을 대속 제물로 주셨습니다. 성령은 신자를 중생하게 하여 머리이신 그리스도 안에 연합되게 하십니다(롬 5:5, 요일 3:24). 교회의 창조에서 성령께서 하시는 일을 자세히 살펴보면 다음과 같습니다.

첫째로, 성령은 공동체에 성령을 부음으로 교회를 세우셨습니다(행 2:2). 예수 그리스도께서는 아버지께로 돌아가 보혜사를 보낼 것을 약속하셨습니다(요 14:16). 그리고 그분의 말씀대로 그리스도의 부활과 승천 이후 성령께서 강림하셨습니다(행 2:2~4). 하나님께서는 아들의 속죄 위에 성령을 부으심으로써 교회를 창조하셨습니다. 이는 성령의 은혜를 통해 교회를 다스리실 하나님의 경륜을 보여주는 것입니다.

둘째로, 성령은 복음을 믿게 하십니다(엡 2:8~9). 성령은 사람들의 마음속에 증거되는 복음이 믿어지게 하십니다. 예수 그리스도께서는 세상 모든 사람이 당신을 믿기를 바라셨습니다(요 17:21). 그것은 우리로 하여금 생명을 얻게 하기 위함이었습니다(요 20:31). 그리스도의 이러한 소원은 성령의 사역을 통해 이루어집니다. 성령께서는 그리스도가 누구이며 무슨 일을 하셨는지를 사람들에게 믿게 하기 때문입니다(요 14:26).

셋째로, 성령께서는 신자 안에 영원히 거하십니다. 신자 안에 영원히 거하시겠다는 것은 곧 교회에 그리하시겠다는 것입니다. "내가 아버지께 구하겠으니 그가 또 다른 보혜사를 너희에게 주사 영원토록 너희와 함께 있게 하리니"(요 14:16). 구약에서 성령의 역사는 필요한 직무를 수행하게 하기 위해 어떤 사람에게 부어지는 한시적인 것이었습니다. '한시적'이라는 말은 그 사역이 끝나면 성령이 그 사람에게서 떠나가셨다는 것입니다. 때로는 인간의 죄 때문에 성령이 떠나시기도 했습니다(삼상 16:14, 시 51:11). 그러나 신약에서 성령은 신자 안에 영원히 거하십니다(요 14:18, 롬 8:16, 고전 3:16, 엡 1:13, 2:22).

성령께서는 하나님의 신성과 인간의 본성이 충돌을 일으키지 않는 신비로운 방식으로 신자 안에 거하십니다. 또한 인간의 지성과 정서와 의지 안에서 일하십니다. 성령으로 말미암아 신자는 잔존하는 부패한 본성에도 불구하고 끊임없이 선한 의지를 이끌어내시는 하나님의 역사를 경험합니다. 그리고 그분의 지혜를 따라 순종하는 삶을 살아가게 됩니다(행 5:32). 이러한 일은 개인의 삶의 차원에서는 물론이고 공동체적인 삶의 차원에서도 이루어집니다.

성령은 영원히 교회 안에 거하시고, 성령으로 말미암아 그리스도와 교회는 연합됩니다. 하나님께서는 그리스도와의 연합 안에서 그의 몸인 교회가 하나님과 교통하게 하십니다. 신자가 누리는 모든 좋은 것은 성령으로 말미암는 교회와 그리스도와의 연합 안에서 주어지는 것이니 교회와 성령은 떼려야 뗄 수 없는 관계입니다.[2]

교제를 이루시는 성령

성령의 역사는 사랑의 역사입니다. 성령으로 하나 된 신자는 사랑 안에서 서로 교제합니다. 그러나 구원받은 신자라고 해도 여전히 그에게는 죄가 있습니다(요일 1:8). 그래서 성도의 교제는 깨뜨려질 때가 많습니다.

성령께서는 불완전한 신자들이 다음의 두 가지를 누리게 하심으로써 교제를 지속할 뿐만 아니라 더욱 풍성하게 하십니다. 그것은 바로 용서(forgiving)와 사랑(love)입니다.

용서를 누림

첫째로, 용서입니다. 교회 안에는 아직 그리스도께 접붙여지지 않았으나 그리스도의 몸으로 여겨야 하는 사실상의 불신자가 있습니다.

---

2) Egon Franz, *Totus Christus: Studien über Christus und die Kirche bei Augustin* (Bonn: n.p., 1956).

또한 신자라고 해도 여전히 그들 가운데 남아 있는 죄와 허물로 인하여 다른 지체를 괴롭게 하는 자들도 있습니다. 그래서 교회 안에는 늘 갈등이 있습니다.

보이는 교회 안에서 성도의 교제를 더욱 온전하게 하려면 죄와 허물이 올바르게 다루어져야 합니다. 잘못을 한 사람은 하나님과 사람에게 용서를 받고 다시 시작할 수 있어야 합니다. 예수 그리스도께서는 이렇게 말씀하셨습니다.

"우리가 우리에게 죄 지은 모든 사람을 용서하오니 우리 죄도 사하여 주시옵고"(눅 11:4).

성령 하나님께서는 신자가 다른 지체에게 죄와 허물을 용서받게 하십니다. 그리고 때로는 그가 다른 사람들을 용서하게 하십니다. 이 모든 일은 성령 안에서 이루어집니다(고전 12:13, 엡 2:18, 4:3). 이러한 용서를 자세히 살펴보면 다음과 같습니다.

용서하는 이유

신자는 다른 사람들의 죄와 허물을 용서하며 살아갑니다. 물론 이것은 쉬운 일이 아닙니다. 허물과 죄가 많은 사람을 보아서는 용서할 수 없습니다. 자신에게 해를 가하고도 아무렇지 않은 듯 살아가는 사람을 용서하는 것은 결코 쉽지 않습니다. 그러나 참된 신자는 그 사람을 용서합니다. 이는 다음과 같은 이유 때문입니다.

먼저, 신자가 하나님께 받은 사랑 때문입니다. 신자가 하나님의 사랑을 최초로 경험하는 것은 용서의 경험을 통해서입니다(시 130:4). 그는 십자가에서 자신을 용서하신 그리스도로 인하여(골 3:13) 자신이 저주받을 진노의 자식의 위치에서 하나님께 사랑받는 자녀가 되었음을 잊지 않습니다(엡 2:3). 자신은 단지 용서받은 죄인일 뿐이며, 자기에게 죄를 지은 모든 사람을 용서하도록 그 사랑에 빚진 자임을 기억합니다.

신자는 그 사랑 때문에 다른 사람들을 용서합니다. 때로는 그것이 죽음에 이르는 고통스러운 과정이라고 해도 십자가에서 고난당하신 그리스도의 사랑을 바라보면서 지체를 용서합니다.

그래서 교회가 하나님의 사랑으로 충만해지면, 교회의 불완전함은 흠이 많은 신자를 온전하게 하는 도구가 됩니다. 용서하는 과정을 통해 그들이 더욱 하나님의 사랑을 알아가며 그 사랑 안에서 성숙해지기 때문입니다.

또한, 신자가 교회를 그리스도의 몸으로 사랑하기 때문입니다. 신자의 새 본성은 자신은 고통을 받더라도 교회는 아프지 않기를 바라는 마음으로 나타납니다(고전 6:7). 교회는 십자가에서 고난당하신 그리스도의 몸이기 때문입니다. 그래서 신자는 자신에게 죄를 지은 자들을 용서함으로써 교회가 더 이상 혼란과 아픔 속에서 고통당하지 않게 합니다(고후 11:28~29).

신자는 교회의 머리이신 그리스도를 사랑합니다. 그런데 그분의 몸인 교회는 불완전하여 이 땅에서 고통을 겪고 있습니다. 이 고통은 곧 머리이신 그리스도의 아픔입니다. 그래서 그리스도를 사랑하는 신자는 불완전한 교회의 현실을 볼수록 교회의 완전함을 더욱 갈망하게 됩니다. 그러한 마음이 간절한 기도에 이르게 하고, 기도를 통해 부어주시는 하나님의 은혜는 신자 각 사람의 지순의 사랑을 더욱 충만하게 합니다. 그 사랑 안에서 신자는 서로를 더욱 용서하며 살아갑니다.

용서의 성립

진정한 의미의 용서는 단지 복수하지 않겠다는 의미가 아닙니다. 그와 다시 사랑의 교제를 시작하겠다는 의미입니다. 그러므로 용서의 경험 안에는 항상 화목과 관계 회복의 경험이 있습니다.

관계적인 면에서 미움과 사랑은 끊임없이 대상을 찾아 회귀하는 공통점이 있습니다. 미움은 타인을 향한 원망을 부르고, 원망은 미워할 대상을 찾게 합니다. 이는 마치 사랑이 기뻐할 대상을 찾고, 그 기쁨은 사랑을 불러일으키는 것과 유사합니다(아 3:1). 미움과 원망은 신자 사이의 관계를 상처와 다툼으로 얼룩지게 합니다. 성경이 미움과 원망으로 인한 분열을 어둠의 일이라고 단정하는 것도 바로 이 때문입니다(롬 3:12~13).

용서는 미움과 원망에서 생긴 다툼의 고리를 끊는 하나님의 방법입니다. 신자는 먼저 하나님의 용서를 경험함으로써 다른 사람들을 용서할 수 있습니다. 하나님의 용서가 있는 곳에는 항상 사람들에 대한 용서가 있습니다. 그가 자기의 죄를 용서받음으로써 하나님의 사랑을 경험했기 때문입니다. 하나님의 사랑을 경험한 신자는 자신이 받은 비난과 손해에 대해 다른 사람에게 더 이상 책임을 묻지 않음으로써 연속되는 분쟁의 고리를 끊습니다. 자신이 받은 손해를 생각하기보다는 모든 지체가 사랑 안에서 살아가기를 간절히 바라기 때문입니다.

관계의 회복으로 이어지는 용서는 자신이 다만 용서받은 죄인일 뿐임을 아는 데서 비롯됩니다(딤전 1:13~15). 하나님의 **아가페** 사랑의 감격 안에 있는 신자는 자신을 용서의 주체로 생각하지 않습니다. 다만 하나님께 용서받았기 때문에 자신은 단지 그 사랑을 전달하는 통로로 여깁니다. 그래서 신자는 자신에게 죄 지은 사람들을 용서한 후에도 그들에게 은혜를 베풀었다고 생각하지 않습니다. 오히려 자신은 이미 자기에게 넘치도록 부어진 하나님의 사랑을 다시 흐르게 하는 도구일 뿐이라고 생각합니다. 이러한 지순의 사랑 안에서 신자는 자신의 죄와 허물을 다른 지체에게 용서받고, 같은 방식으로 다른 지체의 허물과 죄를 용서하며 살아갑니다.

그렇지만 신자에게도 다른 사람을 용서하는 것은 큰 고통입니다. 그러한 고통에 직면할 때마다 신자는 하나님께서 베푸신 사랑이 얼마나 큰 것인지를 깨닫게 됩니다. 우리는 본래 하나님과 원수 되었던 존재입니다(골 1:21). 그런 우리에게 하나님께서는 아들을 주셔서 우리가 겪어야 했을 고난을 아들이 대신 겪게 하셨습니다. 이러한 가슴 저미는 사랑을 경험할 때마다 성령은 신자 안의 옛 사람을 죽이고 새 사람을 살게 합니다. 그래서 신자가 다른 사람을 사랑할 수 있는 것은 자신의 힘으로 가능한 것이 아닙니다. 오직 선한 일을 하게 하는 은혜의 힘으로써만 가능합니다.

오늘날 교회에 가득 찬 다툼과 분쟁은 대부분 누군가가 용서를 위해 십자가를 지지 않기 때문에 일어난 일들입니다. 그래서 한번 일어난 분쟁은 미움과 다툼을 일으키며 불길처럼 번져가고, 그 아픔은 그리스도의 온 몸을 뒤덮습니다. 그러나 하나님의 사랑을 받는 모든 신자는 자신이 고난을 받더라도 교회와 다른 지체는 더 이상 상처받지 말아야 한다고 굳게 믿는 사람들입니다. 그들은 하나님의 사랑이 자신을 통해 더욱 확장되고 자신에게서 미움의 악순환의 고리가 끊어지기를 진심으로 소망합니다. 그들은 자기보다 하나님을 더 사랑하는 사람들이기 때문입니다.

용서의 복됨

용서를 통하여 교회는 막혔던 그리스도와의 교제를 다시 회복합니다(마 6:14). 또한 신자 사이에서도 실제적으로 사랑의 연합을 누리게 함으로써 그들의 교제를 더욱 풍성하게 합니다. 이러한 용서의 복됨은 두 측면으로 나누어 설명할 수 있습니다.

소극적 측면

소극적으로, 용서는 속박에서 자유하게 합니다. 이는 우리의 구원 경험을 통해서도 분명히 드러납니다.

그리스도의 사랑으로 죄 사함을 얻기 전까지 우리는 죄로 말미암아 속박된 상태에서 살아가던 사람들이었습니다(롬 6:16, 엡 4:18). 영혼의 어둠과 지성의 눈멂으로 선한 것을 알 수 없었으며, 희미하게 알고 있었다고 해도 아는 대로 행할 수 없는 사람들이었습니다. 그러나 하나님께서 우리의 죄를 용서해주셨을 때 우리는 모든 속박을 끊고 자유로운 사람이 되었습니다.

하나님께 받은 '자유'는 두 가지로 생각해볼 수 있습니다.3) 곧 '신분의 자유'와 '영혼과 마음의 자유'입니다(갈 5:1).

신자는 하나님의 용서를 통해 죄의 종이었던 신분에서 하나님의 자녀가 되는 자유를 누린 사람입니다(요 1:12). 죄의 사슬에 묶여 있던 마음과 영혼에 자유를 얻게 된 사람입니다. 물론 신자가 된 후에도 그 안에 잔존하는 죄는 하나님과의 관계를 방해합니다. 신자는 내적으로는 죄의 경향성 때문에 속박당하고, 환경적으로는 죄로 말미암아 이루어진 사물들의 질서 때문에 속박을 받습니다(고후 4:8). 그렇지만 하나님의 용서에 대한 끊임없는 경험은 이 모든 것에서 신자를 자유하게 합니다. 용서 안에는 우리를 자유롭게 하는 능력이 있기 때문입니다(요 8:32).

교회 안에 미움과 다툼이 가득할 때 지체는 그것으로 인하여 속박당합니다. 그가 행하는 많은 선행은 용서하지 못하는 피 묻은 손에 의해 오염되어버립니다. 진리를 볼 수 있던 눈은 어두워지고, 하늘을 향해 날아오르던 기도의 날개는 꺾입니다. 마음에 맺힌 것을 풀지 못하는 그들의 영혼은 부패합니다. 이처럼 용서하지 못하는 마음은 하나님과의 관계에 악영향을 미칩니다. 미움은 성령을 근심하게

---

3) 김남준, 『구원과 하나님의 계획』 (서울: 생명의말씀사, 2014), 242.

하기 때문입니다(엡 4:30~32).

오직 용서만이 그의 영혼을 다시 하늘을 향해 날아오르게 합니다. 그의 영혼을 붙잡고 있던 미움의 짐에서 벗어나 다시 하나님의 임재로 나아가게 합니다. 그래서 용서할 때 가장 큰 수혜자는 잘못을 한 사람이 아니라 용서하는 바로 그 사람입니다.

적극적 측면

적극적으로, 용서는 지체 간의 교제를 새롭고 올바르게 합니다(몬 1:16~18). 이것은 하나님과의 관계에서도 마찬가지입니다. 하나님께 용서받은 죄인의 마음에는 단지 형벌을 받지 않을 것이라는 확신뿐만 아니라 그것을 넘어선 어떤 믿음이 있습니다. 바로 하나님께서 나를 다시 교제로 부르시고 예전과 같이 사랑해주실 것이라는 믿음입니다(요일 4:10). 이러한 사랑의 경험은 용서가 참된 것임을 확인시켜주는 보증과 같습니다.

자신에게 죄 지은 자를 용서해줄 때 신자는 미움과 원망의 속박에서 자신과 상대방을 자유롭게 해줍니다. 그뿐만이 아닙니다. 진정한 용서는 관계의 회복까지를 의미합니다.

그래서 신자는 자신이 용서한 사람과 다시 화목한 관계를 맺습니다. 그렇게 함으로써 허물이 많은 지체가 한 번의 잘못으로 복된 교제에서 끊어지지 않도록 합니다. 이것이 바로 교회의 지체 사이에서 이루어져야 할 용서의 복됨입니다.

사랑을 누림

둘째로, 사랑입니다. 성령 안에서 이루어지는 교제는 신자로 하여금 서로 용서하게 할 뿐 아니라 서로를 사랑하게 합니다(갈 5:6, 히 6:10). 그로 인하여 교회는 점점 더 온전해져 갑니다.

교회의 참된 기초는 하나님의 사랑입니다. 하나님께서 타락한 인류를 구원하기로 계획하신 것도, 그리스도가 사람의 몸을 입고 이 세상에 내려오신 것도 사랑 때문이었습니다(요 3:16). 죄인들의 마음을 감화하여 그리스도께 나아가도록 만든 것도 사랑 때문이었으며, 성령을 받은 교회가 한 몸을 이루어 연합하게 하신 것도 사랑 때문이었습니다(엡 1:4~6).

신자는 그 사랑을 누리며 살아가는 사람들입니다. 그들은 그리스도를 아는 지식과 사랑 안에서 그리스도의 장성한 분량에 이르기까지 성숙한 경건과 연단된 꿋꿋함으로 자라갑니다(엡 4:13). 뿐만 아니라 그 사랑으로 다른 지체를 사랑합니다.

따라서 교회의 가장 탁월한 섬김은 모든 신자 안에 있는 사랑을 더욱 풍성하게 타오르게 하는 것입니다(빌 1:9). 이를 위하여 교회는 신자를 말씀으로 가르치고 생활로써 실천하게 합니다. 교회는 끊임없이 완전한 하나님의 사랑으로 나아가는 공동체이며, 사람들에게 하나님의 지혜를 가르쳐주고 그분을 사랑하도록 도와주는 곳입니다.

이처럼 교회는 개인적인 구원을 통하여 지순의 사랑을 소유한 신자가 공동체를 사랑함으로써 하나님의 끝없는 사랑을 알아가는 곳입니다(고후 11:28, 엡 5:31~32).

그래서 교회의 지체로서의 삶은 한편으로는 하나님을 섬기는 것이지만 또 다른 한편으로는 하나님의 사랑을 알아가는 과정이라고 말할 수 있습니다. 이 둘은 결코 분리되지 않습니다. 하나님을 사랑하는 것만큼 교회를 섬길 수 있고, 교회를 섬기는 것만큼 하나님을 알아가기 때문입니다(골 1:24~25).

맺는말

모든 구원의 역사는 그 전개를 통하여 삼위 하나님 사이의 완전한 사랑의 교제를 보여줍니다. 그리고 그 사랑이 인간에게 어떻게 나타났는지도 알게 합니다(요일 4:9~10). 인간에게 나타난 하나님의 사랑은 신자가 다른 사람을 어떠한 사랑으로 사랑해야 하는지를 보여줍니다(요일 4:11).

신자는 그 사랑 안에서 서로 교제합니다. 이 일을 위해서는 끊임없이 서로의 허물을 용서하고 사랑으로 용납해주는 인내가 필요합니다(마 18:21~22). 신자는 그 일이 어렵게 느껴질 때마다 하나님을 더욱 의지합니다. 허물 많은 사람을 사랑하는 일은 인간의 힘이 아닌 하나님의 은혜로 되는 것이기 때문입니다(눅 17:5).

하나님을 의지할수록 그의 영혼은 아름다움을 회복합니다. 그때 하나님께서는 영광을 받으실 것입니다. 하나님께서 가장 크게 영광을 받으시는 곳은 전심으로 하나님을 의지하는 인간의 마음이기 때문입니다(삼상 15:22).

　하나님에 관한 지식은 어느 하나도 이론에만 그치는 것이 없습니다(렘 1:9~10). 거룩하신 하나님의 성품에 대한 앎은 언제나 우리에게 분명한 적용점을 가져다주고, 하나님께서 주시는 은혜는 깨달은 대로 실천할 수 있는 힘을 주기 때문입니다.

Study Guide

내용 이해를 위한 토의

1. 신자와 교회는 모두 성령 안에서 창조되었습니다.
   - 인간의 영혼을 창조하심과 중생에서 성령의 사역은 어떻게 나타납니까?
   - 교회의 창조에서 성령의 사역을 설명해봅시다.

2. 불완전한 교회는 두 가지를 누림으로써 성도의 교제를 누립니다.
   - 하나는 용서입니다.
     - 교회 안에 용서가 필요한 이유는 무엇입니까?
     - 신자가 다른 지체를 용서하는 두 가지 이유는 무엇입니까?
     - 진정한 용서는 무엇입니까?
     - 용서가 복된 이유를 소극적인 측면과 적극적인 측면으로 나누어 설명해봅시다.
   - 다른 하나는 사랑입니다.
     - 교회의 참된 기초가 사랑인 이유는 무엇입니까?
     - 신자가 누리는 사랑은 마지막 그날에 완성될 세계가 어떠한 곳임을 보여줍니까?

적용과 실천을 위한 나눔

1. 인간의 영광은 하나님과의 관계에서 오는 영광입니다. 인간은 원래 하나님과의 관계에서 부여받은 영광을 누리고 있었는데, 타락함으로써 그것을 대부분 잃어버렸습니다. 그리고 예수 그리스도의 십자가의 은혜로 다시 그 영광을 누리게 되었습니다. 그리스도를 통하여 하나님의 생명과 사랑을 누리게 된 것이 왜 인간에게 영광이 되는지 생각해봅시다.

2. 신자의 일생은 하나님의 성품을 배워가는 여정입니다. 이 모든 것은 하나님과의 교제를 통해서 배우게 됩니다. 우리가 만나는 수많은 일들, 기쁜 일과 괴로운 일, 우리를 분노하게 하는 일 등을 어떠한 마음가짐으로 대할 때 하나님의 성품을 배워갈 수 있을까요? 자신의 삶을 통해 특별히 경험한 하나님의 성품이 있다면 나누어봅시다.

제4장

사랑과 일치

caritas et concordia

교회의 본질은 사랑의 교통입니다. 그 사랑을 통해 신자는 하나가 됩니다. 진리를 통해 이루는 이 일치를 통해 교회는 자기중심성을 버리고 하나님을 위한 섬김을 충실히 감당하게 됩니다.

Chapter 1

사랑으로 이루는 일치

두 시대

하나님께서는 신자의 교제를 통해서 더 크고 중요한 일을 하십니다(요 17:23). 그것은 바로 교회의 일치를 이루는 것입니다.

교회의 일치는 신자들이 자신의 존재 목적을 교회의 존재 목적과 하나 되게 하는 것을 말합니다(고후 11:28). 이러한 일들은 개교회 안에서, 보편 교회 안에서 이루어져야 합니다.

교회의 하나 됨은 아주 자연스러운 원리입니다(엡 4:3~4). 건강한 몸은 머리의 명령에 복종합니다. 이처럼 신자는 교회의 머리이신 그리스도의 뜻을 향해 일치를 이루어야 합니다(골 1:25~27). 그래서 교회가 온전하게 되는 과정은 곧 온전한 일치를 이루어가는 과정이라고 할 수 있습니다.

교회는 일치를 이룸으로써 궁극적으로 교회의 머리이신 그리스도를 이 세상에 보여줍니다. 사도 시대에는 그리스도를 통하여 교회를 보았습니다. 그러나 우리 시대에는 교회를 통하여 그리스도를 봅니다. 그럼으로써 교회는 이 세상에 하나님의 경륜을 이루어갑니다.

사도 시대

사도 시대에는 그리스도를 통하여 교회를 보았습니다. 다시 말해서 예수 그리스도는 눈으로 볼 수 있었으나 그의 몸인 교회는 믿음으로 볼 수 있었다는 것입니다(마 16:18).

예수 그리스도께서는 미래에 세워질 교회의 모습이 어떠할지를 지상 생애를 통해 보여주셨습니다. 교회는 아직 온전하게 세워지지 않았지만 그리스도의 인격과 삶을 통해서 앞으로 세워질 교회가 어떤 모습일지가 알려졌습니다. 그 핵심은 그리스도께서 사도들과 나누신 교제에 있습니다.

그리스도께서는 사도들을 선택하되 단지 일을 하기 위한 도구로만 부르시지 않았습니다. 오히려 우선적으로 당신과 함께 있게 하기 위해 선택하셨습니다.

"이에 열둘을 세우셨으니 이는 자기와 함께 있게 하시고 또 보내사 전도도 하며 귀신을 내쫓는 권능도 가지게 하려 하심이러라"(막 3:14~15).

제자들이 그리스도와 함께 있게 하신 것, 곧 당신 안에 살게 하신 것은 그들이 일하는 것과 하나였습니다. 이는 제자들을 세우실 때 그리스도와의 교제로 부르심이 얼마나 중요한지를 보여줍니다. 이러한 그리스도의 뜻은 교회 설립 이후에도 계속됩니다.

"내가 아버지께 구하겠으니 그가 또 다른 보혜사를 너희에게 주사 영원토록 너희와 함께 있게 하리니 그는 진리의 영이라 세상은 능히 그를 받지 못하나니 이는 그를 보지도 못하고 알지도 못함이라 그러나 너희는 그를 아나니 그는 너희와 함께 거하심이요 또 너희 속에 계시겠음이라"(요 14:16~17).

이 말씀은 그리스도께서 제자들과 나누신 교제가 교회와 그리스도가 누리게 될 교통임을 미리 보여주는 것입니다. 그 교제는 사랑의 교제였습니다. 예수 그리스도께서는 지상 생애를 통해 앞으로 이루어질 교회가 하나님과 사랑의 교통을 누릴 뿐 아니라 지체들이 함께 사랑의 교통을 누릴 것을 몸소 보여주셨습니다.

우리 시대

우리 시대에는 교회를 통하여 예수 그리스도를 봅니다. 즉 교회는 우리 눈에 보이지만 그리스도는 보이지 않습니다. 몸인 교회는 눈으로 볼 수 있으나 머리이신 그리스도는 믿음으로 볼 수 있습니다.

우리가 눈에 보이는 교회를 통하여 그리스도를 바라본다는 것은 다음과 같은 의미입니다. 신자는 그리스도의 몸인 교회에 속한 한 지체이나 그도 교회를 통하여 그리스도를 바라봅니다. 교회를 봄으로써 그리스도를 더욱 잘 알게 됩니다(고전 11:1, 엡 4:20~21). 교회의 일부인 신자도 그 몸을 바라보면서 머리이신 그리스도를 알게 된다면, 그분의 몸의 일부가 아닌 세상 사람들이야 얼마나 더욱 그러하겠습니까? 보이는 것은 그리스도의 몸인 교회이니 세상 사람들은 그리스도는 볼 줄 몰라도 교회는 볼 줄 압니다. 그러므로 교회는 그리스도와 하나님 앞에서뿐 아니라 자기에게 속한 지체들과 교회 밖의 사람들 앞에서도 아름답고 완전한 모습으로 나타나기를 힘써야 합니다.

교회가 보여주어야 할 모습

교회는 미담을 조성하거나 세상 사람들에게 좋은 평가를 받기 위해 존재하지 않습니다. 더욱이 사회 개혁을 위한 매체도 아닙니다. 혹시 교회를 통해 그러한 효과가 나타났다면, 그것은 교회가 참으로 교회 된 결과이지 그것을 목표로 삼았기 때문이 아닙니다. 이는 마치 그리스도를 사랑하는 신자 개개인이 하나님의 형상을 본받기까지 거룩해질 때 그의 삶이 덕스럽게 되는 것과 같은 이치입니다(갈 4:19). 신자는 도덕적인 삶 자체를 위해서 애쓰지 않습니다. 오히려 그리스도를 사랑하기 위하여 힘씁니다. 그것이 하나님께 일치되는 인격과 삶을 가져옵니다. 거기서 도덕적인 삶이 나옵니다.

이러한 교리적 사실에서 우리는 각자가 그리스도의 몸으로서 합당한 존재로 나타나기를 힘써야 할 의무가 있음을 깨닫게 됩니다(빌 2:15). 우리를 통해서 세상이 그리스도를 보기 때문입니다. 그렇다면 교회가 실제적으로 이 세상에 보여주어야 할 모습은 어떤 것일까요?

사랑으로 충만함

교회는 지순의 사랑으로 충만함을 보여주어야 합니다. 지순의 사랑은 신자 개개인이 머리이신 그리스도 예수 안에 있는 **아가페** 사랑을 발견함으로써 소유하게 된 것으로, 그의 인격과 삶의 토대입니다(고전 13:2~3). 그 사랑에 감화를 받은 신자를 통해 교회 내의 신자와 이웃은 그리스도의 사랑과 하나님의 거룩한 성품을 보게 됩니다. 그래서 교회는 이러한 사랑으로 충만해야 합니다.

그리스도의 생애를 생각해보십시오. 그리스도께서 사람의 몸을 입고 이 세상에 오신 이유 중 하나는 보이지 않는 하나님의 사랑을 사람들에게 보여주기 위해서였습니다. 하나님을 본 사람은 아무도 없었지만 사람들은 예수 그리스도를 통해서 하나님 아버지를 보았습니다(요 1:18). 예수 그리스도께서 지상 생애 동안 보여주신 긍휼과 섬김은 보이지 않는 하나님의 사랑을 보여주는 것이었습니다. 그리스도께서는 우리와 같은 사람으로서 어떻게 지순의 사랑으로 하나님과 이웃을 사랑해야 하는지를 몸소 보여주셨습니다(요 14:31).

하나님의 사랑을 보여주는 일은 그리스도의 부활 승천 이후에 세워진 교회가 마땅히 계승해야 할 일입니다. 하나님께서는 예수 그리스도가 이 세상에 있었다면 했을 일을 교회가 계승하게 하셨습니다. 교회에 이보다 더 본질적인 사명은 없습니다(요일 2:5~6).

그래서 신자는 개인적 차원에서 경험한 하나님의 사랑을 교회 공동체 안에서 나타내도록 힘써야 합니다. 만약 교회가 이러한 사랑으로 충만해진다면 교회의 지체와 세상 사람들은 교회를 보며 머리이신 그리스도를 생각하게 될 것입니다. 그리고 그리스도를 바로 알게 될 때 그분 앞에 무릎을 꿇을 것입니다.

사랑으로 하나 됨

또한 교회는 사랑으로 일치(concordia)된 모습을 보여주어야 합니다 (요 17:11). 일치된 교회의 모습을 볼 때 사람들은 교회의 머리이신 그리스도를 존귀하게 여기게 됩니다. 교회가 일치를 이룰 때 교회는 다음의 것들을 세상에 보여주게 됩니다.

첫째로, 교회의 일치는 머리이신 그리스도의 탁월한 지혜를 보여줍니다(고전 1:24). 교회의 각 부분만을 보았을 때는 그것들이 무엇을 위하는지 쉽게 짐작할 수 없습니다. 그러나 교회의 여러 지체가 서로 다른 행동을 하지만 그것이 궁극적으로 하나의 목적을 향해 나아가는 것을 볼 때 사람들은 머리이신 그리스도의 지혜의 탁월함을 생각하게 될 것입니다(엡 3:10~11).

둘째로, 교회의 일치는 그리스도가 교회의 머리이심을 보여줍니다 (엡 1:22). 우리 육체의 어느 지체도 다른 지체에게 명령하지 않습니다. 손이 발에게 명령하지 않고, 귀가 배에게 명령하지도 않습니다. 그러나 머리는 다릅니다. 머리는 지체에게 명령을 내립니다. 교회의 머리인 그리스도의 명령에 따라 움직이는 교회를 보면서 사람들은 교회의 진정한 주인이 그리스도이시며, 그분이 교회의 머리가 되신다는 사실을 알게 될 것입니다.

셋째로, 교회의 일치는 교회 안에 독특한 존재의 목적이 있음을 보여줍니다(골 1:25). 교회에 속한 신자조차도 교회의 통일적 목적을 이해하지 못하는 경우가 있습니다. 그러나 혼자였다면 할 수 없었을 일을 교회 공동체를 통해 이루어가시는 하나님을 보면서 사람들은 교회의 궁극적인 목적이 머리이신 그리스도 안에 있다는 사실을 발견하게 됩니다(엡 4:11~12). 또한 이러한 일치 안에서 세상 사람들은 교회가 단순히 사람들이 모인 사회, 그 이상임을 발견하게 될 것입니다(요삼 1:8).

사랑으로 이루는 일치

예수 그리스도께서는 실패한 베드로에게 찾아와 단 하나의 질문을 던졌습니다.
"……요한의 아들 시몬아 네가 이 사람들보다 나를 더 사랑하느냐……"(요 21:15).
예수님께서는 베드로의 마음 안에 지순의 사랑이 있는지 물어보셨습니다. 그 사랑이 있다면 그가 예수 그리스도를 사랑할 뿐 아니라 그분 때문에 사랑해야 하는 양 떼도 사랑할 것이기 때문입니다.
신자에게는 이 사랑이 필요합니다. 교회는 하나님을 향한 사랑으로 가득한 신자들이 모여 일치를 이룹니다. 수많은 신자는 각자의 고유한 다양성에도 불구하고 영적으로 일치를 이루어 예수 그리스도의 뜻에 따르게 됩니다. 그렇게 함으로써 신자는 교회를 세우신 하나님의 목적에 이바지하는 것입니다. 그러나 이 일치는 획일화를 위한 것이 아니라 조화를 이루기 위한 것입니다(고전 7:7, 12:9~11).
신자는 그리스도께 붙어 있으나 각자 개별적인 본성을 가진 채로

한 몸을 이루고 있습니다. 자기의 개별적이고 고유한 성질을 유지하면서 다른 사람들과 조화를 이루는 가운데 하나님의 선(善)을 드러내는 것입니다(시 133:1). 그래서 아우구스티누스는 교회가 이루어야 할 사랑의 일치를 가리켜 '사랑의 하모니(harmony of charity, concordia caritatis)'라고 불렀습니다.1)

음악에서 하모니를 생각해보십시오. 음악이 아름다운 것은 여러 가지 악기가 모두 같은 소리를 내기 때문이 아닙니다. 악기는 각기 다른 소리를 내지만 작곡자의 의도를 따를 때 그 모든 음이 조화를 이루며 아름다운 하모니를 만들어냅니다. 서로 다른 악기가 각자의 소리를 질서 없이 낸다면 그것은 단지 소음일 뿐입니다(고전 14:7). 다른 악기의 소리를 흉내 내는 것도 결코 좋은 연주가 될 수 없습니다. 모든 악기는 자기의 고유한 소리를 내지만, 하나로 조화되게 하는 작곡자의 의도에 따라 자기에게 지정된 소리를 냅니다(빌 2:1~4). 그럴 때 연주는 아름다운 하모니를 이룹니다.

교회의 일치도 이와 같습니다. 이것은 결코 획일화가 아닙니다. 은혜를 받은 모든 신자가 목사가 될 필요가 없으며, 어떤 사람의 신앙의 양태를 절대화하여 그것을 기준으로 삼지 않아도 됩니다(고전 12:29~30). 신자는 각각 자신의 은사와 분량에 따라 부름받은 대로 존재하되, 자신에게 맡겨진 역할을 다하여 아름다운 하모니를 만들어내야 합니다

---

1) Saint Augustine, *The Works of Saint Augustine*, vol. III/6: Sermons (184-229Z) (New York: New City Press, 1993), 270.

(고전 12:31).

신자는 사랑으로 그리스도와 일치를 이루고, 그 안에서 자신의 본분을 따라 교회를 섬깁니다(엡 4:11). 그때 구현되는 하모니는 어떠한 종류의 획일화보다 더욱 아름답고 힘이 있습니다. 그러므로 신자는 지체들의 각양 다른 특성과 은사들을 소중히 여기고, 자신과 그들 사이의 다름으로 인해서 영광받으실 하나님을 찬송해야 합니다(벧전 4:10).

여기에서 우리가 배워야 할 실제적인 교훈은 그리스도의 몸인 지체들의 다양성을 인정해야 한다는 것입니다(고전 12:21~23). 다양성으로 인하여 그들과 함께 이루는 보편적인 질서 안에서 비로소 자신이 아름다워질 수 있다는 사실을 기억해야 합니다. 신자는 마땅히 다른 신자의 다름을 소중히 여겨야 합니다(롬 15:16). 만약 신자가 교회 안에서 다른 지체와 다름을 놓고 우열을 겨룬다면 다툼으로 이어질 것입니다. 그것은 교회가 지녀야 할 교통하는 사랑의 정신에 전면적으로 배치되는 것입니다. 각 지체의 다름을 인정하고 조화를 이루어 그 다름 때문에 공동체를 더욱 아름답게 만드는 능력이 곧 사랑의 깊이입니다. 그것은 그리스도를 아는 지식에서 비롯됩니다(엡 2:16~17).

맺는말

밤하늘에 떠 있는 별을 생각해보십시오. 지구에서 떨어진 거리도 다르고, 별의 크기와 밝기, 빛깔도 모두 다릅니다. 그들은 각기 자신의 광명으로 밤하늘을 수놓습니다. 달은 달의 광명으로, 수많은 별은 자기만의 빛으로 어둠을 밝힙니다(고전 15:41). 서로 다른 별들이 서로 다른 빛을 발함으로써 밤하늘은 더욱 아름답습니다.

 하나님께서는 세상을 창조하실 때 모든 만물을 다르게 창조하셨고, 다름으로 창조 세계 자체가 아름다운 조화를 이루게 하셨습니다(고전 14:33). 인간도 그렇습니다. 이 세상에 똑같은 사람은 단 한 사람도 없습니다. 이것은 서로가 서로에게 도움을 얻게 하고, 다른 사람으로 말미암아 자신이 온전해지게 하기 위함이었습니다(엡 4:11).

 하지만 죄로 인하여 이기심과 탐욕이 이 세상에 가득하게 되었고, 사람들 사이의 다름은 서로를 싫어하게 하는 원인이 되었습니다. 이러한 사회는 오직 그리스도의 십자가 복음으로 고쳐질 수 있습니다(고전 1:18). 그리스도의 십자가를 통해 인간은 모든 이기심을 버리고 하나의 사랑으로 돌아가기 때문입니다.

 교회는 이러한 사랑의 일치를 위해 부름받은 공동체입니다. 하나님께서는 모든 신자가 서로의 다름을 섬김의 기회로 여기기를 바라십니다. 서로 다른 것들이 하나의 목적과 방향을 향하여 나아가는 데서 오는 아름다운 조화, 다양한 다름 사이에서 발견되는 아름다운 일치, 이것이야말로 그리스도께서 교회와 신자에게 바라시는 것입니다.

제4장 사랑과 일치 | Chapter 1. 사랑으로 이루는 일치

Study Guide

내용 이해를 위한 토의

1. 교회의 일치란 무엇입니까?

2. 교회를 통한 하나님의 경륜은 두 시기로 나누어 생각할 수 있습니다.
   - 사도 시대에 사람들은 어떻게 교회를 볼 수 있었습니까?
   - 사도 시대에 드러난 교회의 핵심은 무엇입니까?
   - 우리 시대에 그리스도는 무엇을 통해 이 세상에 나타납니까?

3. 교회는 그리스도를 이 세상에 보여주어야 합니다.
   - 교회는 사랑으로 충만한 자신을 보여주어야 하는데, 이 일은 어떻게 이루어집니까?
   - 교회가 일치를 이룸으로써 이 세상에 보여주는 세 가지는 무엇입니까?

4. 교회의 일치를 '사랑의 하모니'라고 하는 이유는 무엇입니까?

적용과 실천을 위한 나눔

1. 세상은 교회를 통해서 그리스도를 봅니다. 그런데 지금의 교회는 세상에 무엇을 보여주고 있습니까? 굳이 다른 사람 탓을 하지 않더라도 자신의 삶을 돌아보며, 나를 통해서 그리스도가 이 세상에 어떠한 모습으로 드러나고 있는지 돌아봅시다.

2. 신자는 지체의 다양성을 인정하며 다름을 소중하게 여겨야 합니다. 지체들의 다름이 자신에게 괴로움이 된 적이 있습니까? 또는 지체 간의 다름이 하나가 되어 하나님의 영광을 더욱 아름답게 드러낸 경험이 있습니까? 나와 다른 지체를 대할 때 어떠한 마음가짐이 필요한지 나누어봅시다.

Chapter 2

신자와 교회의 일치

교회의 일치

하나님께서 교회를 세우신 것은 신자 혼자서는 할 수 없는 일을 함께 하게 하기 위함입니다. 공사장에서 한 사람이 삽으로 흙을 퍼서 옮긴다면 하루 종일 아무리 열심히 일해도 적은 양의 흙밖에 옮기지 못할 것입니다. 그러나 굴착기는 한두 번의 움직임으로 한 사람이 하루 종일 한 것보다 더 많은 양의 일을 합니다. 사역적인 측면에서 교회는 이와 같습니다. 한 사람이 할 수 없는 일을 교회라는 공동체는 능히 하게 됩니다. 한 사람이 보여줄 수 없는 하나님의 성품을 보여주고, 한 사람이 전할 수 없는 지역에 구원의 소식을 전합니다.

하나님께서는 교회를 통해 하시고자 하는 일이 있습니다. 그런데 교회가 하나 되지 못하고 분열되어 그 일을 감당하지 못한다면 하나님의 마음이 어떻겠습니까? 그래서 교회는 지순의 사랑 안에서 일치를 이루어야 합니다.

분쟁이 없는 상태가 아님

교회의 일치란 단지 분쟁이 없는 상태를 의미하는 것은 아닙니다. 물론 다툼과 분쟁이 없는 상태는 교회가 일치를 이루었다고 볼 수 있는 중요한 조건입니다(고전 1:10~11). 하지만 그것이 전부는 아닙니다. 분쟁이 없는 것이 곧 화목한 것은 아닙니다. 어느 한쪽이 힘의 우위로 승리했거나, 더 큰 손해를 피하기 위해 자신의 이익을 양보함으로도 분쟁이 없는 상태에 도달할 수 있기 때문입니다. 여전히 이기적이지만, 분쟁으로 인한 손해보다 욕망을 억제하여 평화롭게 지내는 것이 더 유익하다고 판단했기 때문에 일치를 이루는 것입니다.

바른 관계와 온전함

교회의 일치는 바른 관계와 온전함을 추구함으로써 이루어집니다. 교회는 삼위 하나님과 교회 그리고 지체들 사이에서 바른 관계를 수립해야 할 뿐 아니라 교회 자신의 온전함을 추구해야 합니다. 그럼으로써 올바른 일치를 이루게 됩니다.

바른 관계의 추구

첫째로, 교회의 일치는 바른 관계에서 비롯됩니다. 바른 관계란 어떤 관계를 갖고 있는 당사자가 다른 대상과 어우러질 뿐만 아니라, 자신에게 지정된 자리에서 존재의 목적에 합당한 상태에 도달하는 것을 말합니다. 이것은 두 대상과 관련됩니다.

먼저 하나님입니다. 교회가 존재하는 가장 중요한 이유는 사람이 하나님과 바른 관계를 맺게 하기 위함입니다. 전도가 그 관계를 새롭게 맺게 하는 것이라면, 목양은 그 관계를 심화하고 지속하게 하는 섬김입니다. 교회는 하나님과의 온전하고 바른 관계를 통하여 일치를 이룹니다.

하나님과의 온전한 관계는 사랑 안에서 이루어집니다. 따라서 교회의 일치는 그리스도를 통해 드러난 하나님을 사랑하는 것에서 시작됩니다(요일 5:1). 하나님을 향한 지식과 사랑 안에서 하나님과 올바른 관계를 가질 때 비로소 신자는 하나님께서 원하시는 질서를 교회 안에 구현할 수 있습니다. 그러므로 하나님을 향한 사랑 안에서 진리로 말미암아 하나된 것이 아니라면 진정한 의미에서의 일치가 아닙니다. 오히려 하나님께서 교회를 세우신 뜻을 거스를 수 있습니다.

다음으로 사람입니다. 하나님과의 바른 관계는 사람들을 향해서 올바른 태도로 나타납니다. 그래서 하나님을 온전히 사랑하는 신자는 하나님께서 자신에게 지정하신 질서를 받아들이게 됩니다. 그러한 질서 안에서 다른 사람들을 올바르게 사랑합니다. 자기의 욕망에 따라 그 질서를 전복하지 않습니다.

그러나 신자는 여전히 죄인이고, 지상의 교회도 불완전합니다. 그래서 질서가 깨뜨려질 때도 있습니다. 이때 사람들과의 관계도 깨어집니다. 그러한 때에 하나님께서는 사람들과의 관계를 다시 회복할 수 있는 길을 열어주셨는데, 그것이 바로 용서와 사랑입니다(막 11:25). 신자의 사랑과 용서를 통해서 교회는 일치를 더 온전히 이루어갑니다 (마 18:22, 골 3:13). 사랑은 정의를 배제하지 않고, 정의는 사랑을 이루게 하는 것입니다(시 85:10).

온전함을 추구함

둘째로, 교회의 일치는 교회 자신의 온전함을 추구하는 가운데 이루어집니다. 신자는 하나님께 구원받고 그리스도의 몸이 된 것에만 만족해서는 안 됩니다. 더욱 온전한 사람이 되도록 힘써야 합니다. 신자 각 사람의 온전함을 위한 추구는 곧 교회 공동체가 온전해지도록 애쓰는 것입니다.

이 일은 온전한 사람이 되어 하나님을 기쁘시게 하고자 하는 믿음이 없이는 불가능합니다. 그래서 교회와 신자가 온전하게 되고자 하는 동기는 하나님을 향한 사랑입니다.

교회의 불일치 원인

교회가 일치를 이루지 못하는 것은 다툼 때문입니다. 다툼 때문에 교회는 은혜 받은 신자가 있음에도 불구하고 자신의 존재 목적을 향해 힘 있게 나아가지 못합니다. 교회에서 다툼이 일어나는 이유는 다음과 같습니다.

소극적 : 영원한 것들에 대한 무관심

소극적인 차원에서 다툼의 원인은, 영원한 것들에 대한 신자의 무관심 때문입니다. 신자 안에 있는 영원한 것들에 대한 무관심은 세상의 자랑과 영광을 추구하게 함으로써 교회의 일치를 깨뜨리는 원인이 됩니다.

진리와 함께 임하는 은혜는 우리의 영혼을 순전하게 하고 지성을 밝게 합니다. 무엇이 진정으로 가치 있는 것인지, 무엇이 중요하지 않은 것인지를 분별하는 지혜를 갖게 합니다(롬 12:2, 빌 1:10). 사물에 대한 분명한 가치를 판단할 수 있는 지혜의 척도는 진리로부터 옵니다(고전 2:13).

진리는 완전하며 영원을 지향합니다. 하나님께서 우리를 인도하여 걷게 하시는 길은 잠시 있다가 사라지는 가치를 위한 것이 아닙니다(요일 2:25). 하나님께서는 우리가 영원한 것들을 향해 걷게 하십니다. 그리스도께서는 신자가 세상적인 것에 대한 탐욕에서 벗어나 영원히 가치 있는 것을 추구하기를 바라십니다. 신자가 은혜를 많이 받으면 관심의 대상이 세상적인 것에서 영원한 것으로 옮겨지는 것도 바로 이 때문입니다(고후 4:17~18).

신자는 세상 사람들과 함께 있지만 영원한 것을 사모함으로써 자신이 하나님 나라의 백성임을 스스로 선포합니다. 그래서 교회는 잠시 있는 이 세상에 골몰하려는 신자를 끊임없이 일깨워 영원한 것에 대한 관심을 불러일으킴으로써 교회의 일치를 이루어야 합니다(요일 2:17). 교회가 영원한 것에 관심을 갖고 그것을 추구한다는 것은 곧 개개인의 신자가 영원한 것에 관심을 갖고 헌신하는 것을 의미합니다. 이것은 세상에 있는 것들에 대한 관심에서 눈을 돌려 영원한 가치에 대해 거룩한 소원으로 불타지 않으면 할 수 없는 것입니다(벧전 2:2).

영원한 것에 대한 무관심은 그리스도에 대한 무관심에서 비롯됩니다. 교회의 머리이신 그리스도는 영원한 하나님의 아들이시며, 그분께서 통치하시는 나라도 영원합니다. 그분의 영광과 권세는 영원에 속한 것이며, 그분의 위격도 영원합니다. 그분의 백성 역시 영원한 나라의 백성입니다. 그러니 영원과 영원한 것에 대한 관심이야말로 신자의 가장 중요한 의무라고 할 수 있습니다(골 3:1).

적극적 : 교만과 이기심

적극적인 차원에서 다툼의 원인은, 신자의 교만과 이기심 때문입니다. 신자의 교만과 이기심이 교회 안에서 분쟁을 일으킵니다(고전 4:6).

교만

교만(驕慢)은 사물들의 질서에 대한 자신의 판단을 고집하는 것을 말합니다(딛 1:7). 나의 판단이 유일하고 절대적으로 옳다고 생각하는 사람들이 많은 교회는 수많은 분쟁에 휩싸일 수밖에 없습니다.

세상적인 것에 대한 탐욕이 없어 보이는 신자 사이에서도 수많은 다툼이 일어납니다. 이 세상에 있는 것들에 대한 욕망은 없을지 모르나 사물의 질서에 대한 자신의 판단을 고집하기 때문입니다(롬 2:5). 그것은 물질에 대한 이기적인 욕망 못지않게 더러운 것입니다. 자신의 판단만을 신뢰하며 고집하는 것은 가장 큰 세속적인 욕망, 곧 교만이기 때문입니다. 모든 즐거움과 만족의 궁극적인 목적과 대상을 자기 자신으로 삼는다는 점에서 교만은 모든 악덕의 아비입니다(마 23:12, 눅 18:14).

교만은 결국 하나님의 계명을 저버리게 하고 자신의 뜻을 좇게 합니다. 이러한 교만으로 인해 교회는 일치를 이루지 못하고 분쟁과 다툼에 휘말립니다(딤전 6:4). 따라서 신자는 끊임없이 사물들의 질서에 대한 자신의 판단이 그리스도와 성경의 정신에 부합하는지 물어야 합니다. 진리의 판단에 따라 자신의 삶을 개혁해야 합니다. 그럴 때 교회는 공동체적으로 사랑의 질서를 재편하는 데 일치된 방향을 갖게 됩니다.

이기심

이기심(利己心)이란 자기 이익만을 위하는 마음입니다. 자기 자신을 중심축으로 삼아 세상의 모든 것이 자신의 행복과 안녕에 기여해야 할 것인 양 생각하고 그것에 집착하는 마음입니다(고전 2:9). 신자가 이기심이 가득할 때 교회는 일치를 이루지 못하고 갈등하게 됩니다. 각자 자기의 이익을 최우선으로 고려하여 선악의 판단을 내린다면, 교회는 치열한 다툼의 장이 될 것입니다. 신자가 교회 안에 있는 것들을 두고 자기 자신의 헛된 유익을 위해 끊임없이 다툴 것이기 때문입니다.

인간이 자기 이익에 집착하는 것은 자기 사랑 때문입니다. 자기 사랑은 인간이 자기 힘으로 버릴 수 있는 것이 아닙니다. 오직 진리의 말씀만이 하나님 앞에서 그릇된 자기 사랑을 깨뜨립니다. 이것이 신자가 늘 말씀 안에서 살아야 할 이유입니다.

일치가 이루어지는 방식

이제 교회 안에서 어떻게 올바른 일치가 이루어지는지 생각해봅시다. 교회 안에서 이루어지는 신자 간의 일치는 원리적인 일치와 실제적인 일치로 나누어 생각해볼 수 있습니다. 이 두 일치는 모두 그리스도를 통해 이루어집니다.

첫째로, 원리적인 일치입니다. 원리적인 일치는 신자가 그리스도로 말미암아 한 몸을 이루고 있다는 사실에 기초합니다(롬 6:3, 엡 2:19). 모든 신자는 원리적인 일치를 이루고 있으므로 그 누구도 교회의 일치 밖에서 행복을 찾지 말아야 합니다. 그들은 영원히 그리스도께 접붙여진 신자로서 함께 몸을 이루고 있는 다른 지체와 공동체로 존재합니다. 이는 지상에 있을 때뿐 아니라 천상에 이른 후에도 계속될 영적인 연합입니다.

이 연합을 통해 신자는 그리스도 안에서 하나님의 생명에 참여하게 됩니다(롬 6:4). 이러한 원리적인 일치는 어떠한 때에도 손상되지 않습니다. 일치의 본질이 그리스도로 말미암는 불변하는 영적 연합이기 때문입니다(히 13:5).

둘째로, 실제적인 일치입니다. 실제적인 일치는 그리스도를 향한 신자의 사랑 안에서 이루어집니다(롬 15:30, 고전 16:14, 갈 5:13). 신자 각 사람이 실제적인 연합을 이루는 가운데 교회는 일치를 도모하게 됩니다. 그러므로 신자 개개인의 성화의 진전은 곧 교회의 일치를 촉진합니다(고전 1:10). 지상 교회가 하나님을 섬길 때 실제로 필요한 것은 바로 실제적 연합의 일치입니다. 이러한 실제적인 일치에 대해 자세히 살펴보면 다음과 같습니다.

사랑의 질서가 재편됨으로써

실제적인 일치는 사랑의 질서가 재편됨으로써 이루어집니다(마 26:7). 교회는 원리적으로는 이미 일치를 이루고 있으나 실제적으로는 온전히 일치를 이루지 못하고 있습니다. 신자가 온전히 진리를 붙들지 못하고, 온전히 사랑하고 있지 않기 때문입니다. 따라서 실제적인 일치를 이루려면 사랑의 질서가 재편되어야 합니다. 하나님께서 세워놓으신 질서를 신자 개개인이 마음 안에서 버렸을 때 일치가 상실되기 때문입니다.

의복과 몸의 관계를 생각해보십시오. 의복은 몸을 위해 있습니다(마 6:25). 그런데 의복 자체가 목표인 것처럼 의복을 사랑하면 올바른 삶의 질서는 깨어질 것입니다(딤전 6:10). 우리는 사랑의 질서를 올바로 세워야 합니다. 이것은 개인적으로뿐만 아니라 교회 공동체적으로도 이루어져야 합니다.

개인적으로 : 회개와 믿음을 통하여

사랑의 질서는 개인적으로는 신자의 회개와 믿음을 통해서 재편됩니다(눅 7:47). 교회가 참된 일치를 이루려면 자기를 중심으로 삼는 사랑의 질서가 깨뜨려지고 하나님을 중심으로 삼는 사랑의 질서를 이루어야 합니다. 이 일은 신자의 회개와 믿음을 통해서 이루어집니다.

회개 : 자기 사랑의 질서를 버림

첫째로, 신자는 회개를 통하여 자기 사랑의 질서를 버립니다. 자기 사랑의 질서 한가운데에는 자신이 있습니다. 그 자리는 하나님께서 계셔야 할 자리인데 말입니다. 인간의 자기 사랑은 사물의 질서에 대한 자기중심성으로 나타납니다. 자기를 중심으로 모든 것을 판단하고 사물들의 가치를 결정하는 것이 죄입니다. 따라서 회개는 항상 자신이 그런 자리에 선 것을 뉘우치게 합니다.

신자는 자기 깨어짐의 경험 안에서 부당한 자기중심성의 죽음을 경험하게 됩니다. 그 죽음의 경험은 그리스도의 십자가의 죽음이 자신의 영혼과 본성 안으로 들어오는 실재화(actualization)를 통해서 나타납니다. 이런 경험에 대해서 사도 바울은 다음과 같이 말합니다. "형제들아 내가 그리스도 예수 우리 주 안에서 가진 바 너희에 대한 나의 자랑을 두고 단언하노니 나는 날마다 죽노라"(고전 15:31).

이는 그리스도께서 겪으신 이천 년 전 십자가의 죽음이 성령을 통하여 현재의 자신에게 적용되는 것입니다. 이천 년 전에 그리스도께서 십자가에서 고난당하신 것이 현재의 자신 안에 있는 죄 때문임을 절감하는 것입니다. 그 사실 앞에서 신자는 처절하게 회개할 수밖에 없고, 이러한 경험을 통해 성령께서는 신자의 죄의 성향을 죽이십니다(롬 8:13). 신자의 죄의 본성이 죽는 것만큼 신자 안의 새 생명은 살아나는데, 이것이 바로 신자가 그리스도의 부활에 현재적으로 참여하는 방식입니다(빌 1:21).

자기중심성과 자기 사랑이 깨어질 때 신자는 비로소 자신이 설정한 사물들의 질서에 더 이상 집착하지 않습니다. 진실한 회개 안에서 경험되는 자기 깨어짐은 곧 죄에 대한 사랑과 자기 의에 대한 사랑이 깨어지는 것이기 때문입니다(눅 18:13, 롬 6:11). 그래서 그는 하나님께서 세우신 질서를 기쁨과 감격 가운데 받아들입니다. 이러한 자기 죽음의 경험은 신자의 마음 안에서 그리스도를 향한 사랑이 성취되는 과정입니다(갈 5:24, 6:14).

자기 깨어짐을 경험함으로써 신자는 그리스도와 실제적인 연합을 누리게 됩니다. 신자 개개인이 그리스도와의 실제적인 연합을 증진하는 것이야말로 교회의 일치를 이루는 가장 중요한 조건입니다. 한 사람 한 사람이 자기가 세운 사랑의 질서를 버리고 하나님께서 세우신 질서를 받아들일 때 교회는 공동체적으로 일치를 이루게 됩니다.

교회의 일치를 위해 신자의 진실한 회개는 필수적입니다. 진실한 회개 없이는 어느 누구도 자기중심적인 교만과 이기심을 버릴 수 없습니다. 그리고 교만과 이기심을 버리지 않는 한 교회는 각 사람이 세운 사랑의 질서 안에서 분쟁에 휩싸일 수밖에 없습니다(고전 3:3).

믿음 : 신적 사랑의 질서를 받아들임

둘째로, 신자는 믿음을 통해서 신적 사랑의 질서를 받아들입니다.

죄를 회개하고 자기 깨어짐 속에서 자기 사랑의 질서를 버릴 때, 그는 하나님께서 정하신 사랑의 질서를 받아들이게 됩니다. 그러나 이러한 모든 과정이 항상 신자에게 이성적으로 납득되는 것은 아닙니다. 이때 신자에게는 두 가지가 필요합니다. 복음에 대한 올바른 이해와 믿음입니다.

성경은 하나님께서 지정하신 수많은 사랑의 질서를 가르치고 있습니다. 그리고 그 질서를 따라 사람과 사물을 어떻게 사랑해야 하는지 지정하고 있습니다(요일 2:15~16). 신자는 비록 자신의 이성으로 모든 것을 깨달아 알 수 없어도 하나님의 말씀을 따라 주어진 복음을 믿어야 합니다(막 1:15). 자신보다 더 완전하신 하나님의 선하심을 신뢰함으로써 신적 사랑의 질서를 받아들이는 것입니다. 이러한 믿음은 단지 심리적인 것이 아닙니다. 하나님의 인격에 대한 사랑과 신뢰의 표입니다. 그리스도 이외에 다른 구원의 길이 없음을 굳게 믿고 순종함으로 하나님의 뜻을 실천하는 것입니다.

공동체적으로 : 교회의 목적을 받아들임으로써

사랑의 질서는 공동체적으로는 각 신자가 교회의 존재 목적을 자신의 인생의 목적으로 받아들임으로써 재편됩니다. 교회는 그리스도께 대한 사랑과 복종을 교회 전체의 목적을 구현하는 일에 드림으로써 일치를 이루게 되는데, 이때 다음과 같은 사실을 기억해야 합니다.

생명과 사역의 질서를 사모함

교회가 자신의 존재 목적에 따라 기능하고 작용하기 위해서는 그에 합당한 질서를 갖고 있어야 합니다. 이 질서는 크게 두 가지로 나누어 생각해볼 수 있습니다. 하나는 생명의 질서이고, 다른 하나는 사역의 질서입니다. 교회 공동체는 생명과 사역의 질서를 사모해야 합니다.

먼저 생명의 질서입니다. 신자는 교회의 지체로서 하늘 생명을 받습니다. 이는 하나님의 생명적인 은혜가 그리스도를 통하여 성령 안에서 신자에게 부어진다는 사실을 뜻합니다(요 1:4, 5:26).

신자는 이 생명을 사모합니다. 그래서 그리스도를 떠나 그분 밖에서 얻는 생명, 곧 참생명과 유사하나 사실은 참생명이 아닌 것을 삶의 원동력으로 삼지 않겠다고 결심합니다. 이 결심은 그리스도를 의지하며 믿음으로 나아가면 하나님께서 나에게 이러한 생명을 그리스도를 통해 충만히 부어주실 것이라는 신뢰를 포함합니다(요 10:10). 또한 그는 자신뿐만 아니라 교회 공동체 전체가 이 생명으로 충만해지기를 바라며 이 생명의 질서를 사모합니다.

다음으로 사역의 질서입니다. 교회는 그리스도께서 이 땅에 있었으면 하셨을 그 사역을 뒤잇습니다(롬 15:5~6). 따라서 사역의 질서는 교회가 자신에게 주어진 섬김을 실천하는 데 필요한 교회 자신의 질서를 가리킵니다(엡 4:11).

이 질서는 능력과 효율성의 질서입니다. 교회가 하나님의 나라를 섬기려면 능력이 필요합니다. 그래서 하나님께서는 교회에 지상과 천상의 자원을 주십니다. 그것으로 죄와 마귀를 이기게 하시고, 그릇된 질서를 버리고 하나님 사랑의 질서를 세우게 하십니다(마 16:18, 골 1:1~12).
하나님께서 주신 이 능력은 효율적으로 사용되어야 합니다. 하나님께 받은 자원들을 함께 나누고 나누어진 자원들을 효율적으로 배치할 때, 교회는 이 세상을 고치고 하나님을 올바로 섬기는 힘 있는 공동체가 됩니다. 이것이 바로 사역의 질서를 능력과 효율성과 연관 짓는 이유입니다.

하나님의 역사를 사모함
교회는 생명과 사역의 질서 안에서 드러난 하나님의 역사를 사모해야 합니다. 두 질서를 한마음으로 사모할 때 교회는 자신의 존재 목적을 구현해 나갈 수 있습니다. 신자는 생명과 사역의 질서를 사모함으로써 자기를 구원하신 그리스도의 사랑에 보답하고, 개인뿐 아니라 공동체의 영역에서도 하나님의 통치를 실현하게 됩니다. 그로 인해 자기 홀로 믿었다면 행할 수 없었을 섬김을 공동체적으로 감당하게 됩니다.
사도행전은 이러한 사실을 너무나 잘 보여주고 있습니다. 예수 그리스도께서 승천하실 때 남아 있던 제자들은 땅끝까지 이르러 증인이 되라고 하신 예수님의 말씀이 이루어지기를 기대하며 그에 필요한 질서를 사모했습니다. 이는 예수 그리스도께서 친히 예고하신 성령이 임하는 것이었습니다. 그래서 그들은 기도에 힘쓰며 그 질서를 사모했습니다.
"여자들과 예수의 어머니 마리아와 예수의 아우들과 더불어 마음을 같이하여 오로지 기도에 힘쓰더라"(행 1:14).

뿐만 아니라 핍박을 받아 위기에 처한 때에도 교회가 교회의 존재 목적을 따라 섬김에 적합한 질서를 잃어버리지 않도록 기도했습니다.

"주여 이제도 그들의 위협함을 굽어보시옵고 또 종들로 하여금 담대히 하나님의 말씀을 전하게 하여 주시오며 손을 내밀어 병을 낫게 하시옵고 표적과 기사가 거룩한 종 예수의 이름으로 이루어지게 하옵소서 하더라 빌기를 다하매 모인 곳이 진동하더니 무리가 다 성령이 충만하여 담대히 하나님의 말씀을 전하니라"(행 4:29~31).

이 기도는 지금도 우리가 드려야 할 기도입니다. 하나님께서 정하신 질서 안에서 큰 능력이 나타나 위대한 역사를 이루도록 기도해야 합니다.

하나님과의 교제 안에서

실제적인 일치는 또한 하나님과의 교제를 통해서 이룹니다. 이로써 교회의 일치는 각 신자가 삼위 하나님과 얼마나 풍성한 교제를 누리느냐에 달려 있습니다. 이러한 교리적 사실을 이해하기 위하여 다음 사항들을 숙고해야 합니다.

하나님과의 교제 증진

하나님과의 교제를 통해서 교회는 실제적 일치를 이룹니다. 더불어 이로써 교회의 실제적 일치는 하나님과의 교제의 증진을 가져옵니다. 교회의 실제적 일치는 단지 교회 자신과 세상을 섬기기 위해서만 필요한 것이 아닙니다. 교회는 이러한 일치 안에서 삼위 하나님과 더 깊은 교제를 누립니다.

삼위 하나님과의 교제는 하나님에 대한 지식과 사랑을 누리게 합니다. 그 지식과 사랑은 신자로 하여금 하나님과 더 깊은 교제로 들어가게 합니다. 지식과 사랑이 교제의 깊이를 더하고, 더 깊은 교제를 통해 지식과 사랑이 증진되는 것입니다.

그런 의미에서 선교는 사랑의 확장입니다. 선교는 삼위 하나님과의 교제에서 멀어진 사람들을 그분과의 사랑의 교제 안으로 불러들이는 것입니다(요 3:21). 하나님을 사랑하지 않던 사람을 설득하여 하나님을 사랑하게 하는 것입니다. 예수님께서는 우리에게 이 일을 부탁하셨습니다.

"그러므로 너희는 가서 모든 민족을 제자로 삼아 아버지와 아들과 성령의 이름으로 세례를 베풀고 내가 너희에게 분부한 모든 것을 가르쳐 지키게 하라 볼지어다 내가 세상 끝날까지 너희와 항상 함께 있으리라 하시니라"(마 28:19~20).

지체와의 교제 증진

삼위 하나님과의 참된 교제는 교회의 지체 간의 교제도 풍성하게 만들어줍니다. 신자는 한편으로는 하나님을 아는 지식과 사랑에서 자라가고, 다른 한편으로는 그 지식과 사랑 안에서 지체를 섬기고 사랑하게 됩니다. 삼위 하나님과의 교제의 본질은 사랑이고, 이 사랑은 흘러가는 것이기 때문입니다. 그래서 하나님을 사랑하는 사람은 지체도 사랑합니다. 요한 사도가 자신들의 교제의 중심에 아버지와 그 아들 예수 그리스도가 함께 하신다고 고백한 것도 바로 이 때문입니다.

"우리가 보고 들은 바를 너희에게도 전함은 너희로 우리와 사귐이 있게 하려 함이니 우리의 사귐은 아버지와 그의 아들 예수 그리스도와 더불어 누림이라 우리가 이것을 씀은 우리의 기쁨이 충만하게 하려 함이라"(요일 1:3~4).

교회는 신자가 태어난 곳으로 그의 출생과 함께 파고든 어머니의 품입니다. 신자의 어머니로서 교회는 그들을 말씀으로 양육하고, 진리를 가르치며, 모든 선한 일을 하는 데 적합한 사람이 되도록 돌봅니다(엡 4:12). 그 돌봄 안에서 신자는 보이지 않는 하나님의 사랑을 보이는 지체와의 관계 안에서 날마다 발견합니다. 그리하여 혼자 믿었다면 결코 알 수 없을 사랑으로 지체들을 사랑하며 하나님을 알아갑니다.

진리에 합치됨으로 이루는 일치

신자의 교제의 중심에는 진리가 있습니다. 교회의 일치는 단지 제도나 규율에 의한 타율적인 일치가 아닙니다. 교회의 참된 일치는 진리와 사랑의 일치로, 그것의 유일한 초점은 진리이신 그리스도입니다(요 1:14). 그리스도는 우리를 진리로 거룩하게 하시고 그 안에서 하나 되게 하십니다(요 17:21). 따라서 교회가 이러한 일치를 세상에 보여주려면 끊임없이 진리를 깨달아야 하고, 진리와 일치한 삶을 살아야 합니다(요삼 1:3~4).

　진리 없는 교회의 모든 일치는 허위(虛位)입니다. 진리가 먼저이고 일치는 그 다음에 따라옵니다. 진리가 있고, 그 진리에 대한 사랑이 그들을 하나 되게 합니다.

　교회의 일치는 결코 진리를 배제하는 방식으로 추구되어서는 안 됩니다. 진리를 찾고 추구하는 신자의 마음과 영혼의 움직임이 '진실'이기 때문입니다(고전 13:6). 진실은 단순한 솔직함이 아닙니다. 그것은 언제나 진리와 합치된 상태를 가리킵니다. 마음과 행동, 그 사람의 전 존재가 진리와 끊임없이 일치를 이루려 하고, 인생의 목표가 하나님의 뜻과 하나가 된 사람을 하나님께서 얼마나 기뻐하시겠습니까?

　그 진실 안에서 신자는 진리를 사랑하는 또 다른 사람들과 연합을 이룹니다. 그 연합 안에서 일치됨을 기뻐합니다(고후 13:8). 그 일치 안에서 더 깊은 사랑을 경험하게 되고, 하나님께서 기뻐하시는 모든 사물의 질서를 사랑하게 됩니다. 또 하나님께서 교회를 세우신 목적을 자신의 존재 목적과 합치시킵니다.

　그래서 한 사람의 삶의 질은 그가 얼마나 많은 진리를 알고 있는지에 달린 것이 아닙니다. 머리에 있는 지식을 얼마나 치열하게 자신에게 합치시키는가에 달려 있습니다. 진리에 자신을 합치시키는 일은 진실로 자기 죽음을 필요로 합니다. 단지 진리를 알 뿐 거기에 자신을 합치시키지 않는 삶으로는 결코 진리를 누릴 수 없습니다.

맺는말

지금 이 순간에도 이 땅에 있는 교회들은 세상에 의해 고통받기보다는 그리스도께서 피로 사신 지체들에 의해 고통받고 있습니다. 영원한 것을 세상에 가르치고 그 영원한 것들로 인하여 즐거워해야 할 교회가 세상적인 것에 대한 집착으로 충돌과 분열을 일으키기 때문입니다. 각자가 자신의 생각을 절대적인 것이라고 생각하여 교회는 갈등을 겪습니다. 그리하여 교회의 아름다움은 훼손되고 신자의 영혼은 추루해집니다.

잡히시던 날 밤에 예수 그리스도께서는 이렇게 기도하셨습니다. "나는 세상에 더 있지 아니하오나 그들은 세상에 있사옵고 나는 아버지께로 가옵나니 거룩하신 아버지여 내게 주신 아버지의 이름으로 그들을 보전하사 우리와 같이 그들도 하나가 되게 하옵소서"(요 17:11).

그리스도의 간절한 소원은 교회가 하나 되는 것입니다(요 17:22). 교회는 사랑 안에서 하나가 됨으로써 세상의 집단과는 전혀 다른 가치를 따라 살아가는 존재임을 선포합니다(벧전 2:9). 그리고 이 세상에 새로운 삶의 질서를 보여줍니다. 그것은 사랑과 진리를 중심으로 하는 질서입니다.

이 일을 위해 신자의 삶은 하나님 사랑을 중심으로 재편되어야 합니다. 하나님 나라는 하나님 사랑의 질서로 이루어진 나라이니 교회가 보여주어야 할 일치가 하나님 사랑에서 비롯되는 것이어야 함은 너무나 당연합니다.

따라서 신자는 늘 진실한 자기 깨어짐을 경험해야 합니다. 회개와 믿음을 통해 존재의 질서와 가치를 그리스도께 두는 변화가 일어나야 합니다. 신자 각 사람이 영적으로 변화되지 않으면, 결코 하나님께서 원하시는 사랑의 질서 아래 살아갈 수 없습니다.

우리는 하나님과의 사랑의 교제를 통해 하나님의 자녀가 되는 참된 행복을 알게 됩니다. 그러한 교제 안에서 터득하는 지식을 통해 이 세상을 위한 지혜자가 됩니다(고전 2:6, 엡 5:15). 이 지혜의 빛 아래에 있을 때 비로소 우리 안의 복음은 세상에 영향을 끼치게 됩니다(마 5:16). 그리고 그로 인해 진리이신 그리스도가 세상에 드러나게 될 것입니다.

Study Guide

내용 이해를 위한 토의

1. 교회의 일치는 바른 관계와 온전함을 추구함으로써 나타납니다.
   - 교회의 일치가 분쟁이 없는 상태가 아닌 이유는 무엇입니까?
   - 관계의 일치란 무엇이며, 교회가 바른 관계를 맺어야 하는 두 대상은 누구입니까?
   - 교회와 신자가 온전함을 추구하는 이유는 무엇입니까?

2. 신자의 다툼은 교회의 일치를 이루지 못하게 합니다.
   - 소극적인 차원에서 신자의 다툼의 원인은 무엇입니까?
   - 적극적인 차원에서 신자의 다툼의 원인은 무엇입니까?

3. 다음 두 가지로 교회는 실제적인 일치를 이룹니다.
   - 하나는 사랑의 질서가 재편됨으로써입니다.
     - 교회가 품어야 하는 올바른 사랑의 질서는 무엇입니까?
     - 회개와 믿음은 어떻게 작용하여 사랑의 질서를 올바로 재편합니까?
     - 교회가 사모해야 하는 생명과 사역의 질서는 무엇입니까?
   - 다른 하나는 하나님과 교제함으로써입니다.
     - 삼위 하나님과의 교제를 통해서 우리가 누리게 되는 것은 무엇입니까?
     - 하나님과의 교제가 지체 간의 교제의 증진도 가져와 실제적인

일치를 이루는 이유는 무엇 때문입니까?

4. '교회 일치의 중심에는 진리가 있다'라는 말은 무슨 의미입니까?

적용과 실천을 위한 나눔

1. 지순의 사랑이 충만한 신자는 교회의 지체뿐만 아니라 교회 밖의 사람들까지 사랑합니다. 신자가 가정에서, 직장에서, 동네에서 만나는 사람들을 사랑하지 못하는 것은 결국 하나님에 대한 사랑이 부족하기 때문입니다. 물론 신자가 모든 사람을 자신의 가족처럼 사랑할 수는 없습니다(롬 12:18). 그렇지만 사람을 싫어하고 미워하는 것은 옳은 감정이 아닙니다. 지금 당신이 미워하는 사람은 없습니까? 이 관계를 개선하기 위해 어떻게 해야 할지 나누어봅시다.

2. 자신의 존재 목적을 하나님을 향한 사랑 안에서 공동체적으로 성취해본 경험이 있습니까? 혼자였으면 할 수 없었을 그 일을 교회 공동체와 함께 이룸으로써 조금이나마 하나님의 나라를 회복하는 데 기여한 경험이 있다면 나누어봅시다.

제5장

그리스도와 지체

Christus et membra

토투스 크리스투스의 교리는 '눈에 보이는 교회의 모든 지체를 그리스도의 몸의 일부로 여기라'고 가르칩니다. 이 교리를 이해하려면 이중의 연합, 곧 신자와 그리스도의 연합, 그리스도와 교회의 연합을 살펴보아야 합니다.

Chapter 1

그리스도와 교회 : 머리와 몸

교회와 신자의 연합

교회의 일치를 생각할 때 고려해야 할 교리가 있습니다. 바로 **토투스 크리스투스**의 개념입니다. **토투스 크리스투스**의 문자적인 뜻은 '전체 그리스도(whole Christ)'입니다. 이는 '눈에 보이는 교회의 모든 지체를 그리스도의 몸의 일부로 여김'을 가리킵니다.[1)]

눈에 보이는 교회 안에는 신자가 아닌 사람들도 있습니다(마 13:25~26, 48~49). 그들은 아직 구원받지 못한 사람들로, 영적으로 그리스도

---

1) 다음의 자료를 참고하라. Emile Mersch, *The Whole Christ: The Historical Development of the Doctrine of the Mystical Body in Scripture and Tradition*, trans. John R. Kelly (Eugene: Wipf & Stock Publisher, 2011); Egon Franz, *Totus Christus: Studien über Christus und die Kirche bei Augustin* (Bonn: n.p., 1956). 교부들의 구체적인 작품 속에서 관련 교리를 살펴보려면 다음을 참고하라. Tertullianus, *De Poenitentia*, in *Patrologia Latina, Curcus Completus*, vol. 1, ed. J. P. Migne (Paris: Imprimerie Catholique, 1844), 1245; Aurelii Augustini, *Sermones*, in *Patrologia Latina, Curcus Completus*, vol. 39, ed. J. P. Migne (Paris: Imprimerie Catholique, 1845), 1493.

에게 접붙여지지 않은 사람들입니다. 그래서 하나님의 생명과 사랑을 누리고 있지 못합니다. 그러나 신자는 이런 사람들도 그리스도의 몸으로 여기고 사랑해야 합니다. 신자의 교제에서 배제되어야 할 정도로 심각한 잘못을 저지르지 않는 한, 그들도 그리스도의 몸으로 여겨야 한다는 것입니다. 이러한 사실을 더 자세히 알려면 신자와 그리스도의 연합, 교회와 그리스도의 연합에 대해 생각해보아야 합니다.

신자와 그리스도의 연합

신자는 거듭나는 순간 그리스도와 연합됩니다. 이것은 그의 도덕적인 삶과는 상관없이 성령의 은혜로 일어나는 일입니다. 이 연합은 본질적으로 두 가지 특징이 있습니다.

영적임

신자와 그리스도의 연합은 영적입니다(롬 6:3~5, 고전 2:14). 그 이유는 다음과 같습니다.

먼저 우리의 영혼이 성령에 의해서 그리스도께 접붙여지기 때문입니다(고전 12:3, 13, 엡 2:18, 요일 3:24). 예수 그리스도께서는 우리의 감각으로 알 수 있게끔 교회에 존재하시지 않습니다. 우리 중 그 누구도 예수 그리스도를 육체로 만난 사람은 없습니다. 예수 그리스도의 영이신 성령으로 인해 우리의 영혼은 그리스도와 연합됩니다. 그래서 이 연합은 영적입니다.

다음으로 그리스도와의 연합을 통해서 영적 자원을 공급받기 때문입니다(롬 5:5, 고전 12:3, 9, 13). 그리스도와의 연합은 그리스도를 통한 삼위 하나님과의 영적 연합입니다. 신자는 이 연합 안에서 하나님께 영적 자원을 공급받습니다. 성부의 사랑과 성자의 은혜, 성령의 위로를 누리는 것입니다. 하나님과 동행하는 삶은 이 연합 안에서 실제적으로 영적 자원을 풍성히 누리며 살아가는 삶입니다.

신비적임

신자와 그리스도의 연합은 신비적입니다(엡 5:32, 골 2:2). 그리스도와의 연합의 신비에는 다음과 같은 두 가지 특징이 있습니다.

먼저 지성(智性)의 신비입니다. 하나님의 본체이신 그리스도께서 인간의 영혼과 연합된다는 사실 자체가 인간의 지성을 초월하는 신비입니다. 그러나 우리는 그 연합을 실제로 경험합니다(마 28:19~20, 요 8:29). 신자는 시련과 고난 속에서 그리스도께서 나와 함께하신다는 사실을 느끼고, 하나님께 순종할 때 내 안에 계신 주님이 기뻐하신다는 사실을 알게 됩니다. 이러한 사실은 분명히 경험됨에도 불구하고 지성적으로는 완벽하게 설명할 수 없습니다. 그래서 신비합니다. 실로 그리스도인의 성화의 삶은 그리스도와의 연합의 신비한 비밀들에 대하여 더 많이 깨닫고 누리는 것이라고 해도 과언이 아닙니다.

다음으로 내주(內住)의 신비입니다. 인간의 본성은 영혼이고, 성령은 하나님의 영이신데 그분이 우리 안에 거하십니다. 이것이 신비합니다(롬 8:10, 고전 3:16). 성령께서 내주하시고 일하시는 방식은 인간의 영혼의 기능을 파괴하거나 침해하여 이루어지지 않습니다. 마치 그리워하던 고향에 돌아온 것 같은 평안함 속에서 일어나는 일입니다. 성령의 내주하심은 우리의 영혼과 성령이 뒤섞인다는 의미가 아니라 하나님과의 영적 교통을 말합니다. 성령의 내주하심에 대해 우리가 흔히 오해하는 것은 그분의 본질이 물질처럼 장소와 크기를 가지고 우리 안에 존재하신다고 생각하는 것입니다. 그러나 개혁주의 신학에서는 실체로서의 영이 아니라 '실체적인 교통의 관계'로서의 내주를 말합니다. 즉 성령을 통해 하나님과 교통할 수 있게 된 것입니다.[2]

교회와 그리스도의 연합

신자는 구원받는 즉시 그리스도께 접붙여집니다. 이것은 신자가 그리스도의 몸인 영적인 교회에 접붙여지는 것을 의미합니다(요 15:4, 롬 5:18). 신자는 교회와 그리스도의 연합(엡 1:22, 5:23) 안에서 그리스도와 한 몸이 됩니다.

이러한 사실은 구원이 단지 개인적인 사건이 아니라 공동체적인 사건임을 보여줍니다. 신자는 자신의 구원이 공동체와 함께하는, 공동체 안에서의, 공동체 속으로의 구원임을 기억해야 합니다. 이는 마치

---

[2] 마스트리히트(Peter van Mastricht, 1630~1706)는 신자의 중생을 가리키는 또 다른 표현인 '영(*spiritus*)'이라는 말을 다음과 같이 해석함으로써 성령의 내주하심의 의미를 명확히 한다. "여기서 말하는 '영'이라는 말은 '주시는 영(*Spiritum dantem*)'이 아니라 '주어진 영(*spiritum datum*)'으로 이해한다. 다시 말해 성령께서 중생을 통해 인간에게 주어진 영으로서, 동물의 혼의 현존이 그 몸을 자연적으로 살아 있게 하는 것과 같이 성령께서 주신 영의 현존이 인간의 영혼을 영적으로 살아 있게 한다." Peter van Mastricht, *A Treatise on Regeneration*, ed. Brandon Withrow (Morgan: Soli Deo Gloria Publications, 2002), 19-20.

사람이 태어나자마자 누군가의 가족이 되는 것과 같습니다. 사람은 가족 없이 존재할 수 없고, 가족 안에서 자신의 정체성을 찾게 됩니다. 가족은 숙명적으로 그에게 주어진 존재의 기반이며 자라나야 할 환경입니다. 그는 그 속에서 인간으로 살아가는 도리를 배웁니다.

교회와 신자의 관계도 이와 같습니다. 신자는 영적인 출생과 함께 영적인 교회에 연합되어(롬 11:24) 지체들과 함께 생활합니다. 참된 신자는 영원히 교회와 결합되고, 그 교회는 영원히 그리스도와 함께 몸과 머리의 관계 안에 있습니다.

그래서 그리스도의 몸에 한번 접붙여진 신자는 그 몸에서 떨어지는 일이 없습니다. 그러니 그 몸에서 떨어진 신자가 다시 그 몸에 접붙여지는 일도 없습니다. 그리스도의 몸에 접붙여진 연합은 영원하고 무엇으로도 끊을 수 없이 확고한 것입니다.

교회의 머리이신 그리스도

성경은 그리스도와 교회의 관계를 머리와 몸의 비유로 설명합니다 (엡 1:22~23, 골 1:18, 2:19). 이 비유는 그리스도와 교회의 관계를 생명과 유기체적 작용을 중점으로 설명합니다. 여기서 우리는 머리와 몸의 비유를 살펴봄으로써 그리스도와 교회의 관계에 대한 이해를 넓혀가고자 합니다.

예수 그리스도께서는 교회의 머리이시며 신자의 영적인 연합인 교회는 그분의 몸입니다. 이 비유는 몸이 없는 머리가 존재할 수 있다는 점에서 한계가 있습니다. 왜냐하면 그리스도는 교회 없이도 그리스도이시기 때문입니다. 그리스도와 교회의 관계에서 머리와 몸의 비유가 보여주는 강조점은 머리 없는 몸이 존재할 수 없다는 것입니다. 곧 교회는 그리스도 없이 존재할 수 없습니다. 머리와 몸의 비유가 보여주고자 하는 요점은 다음과 같습니다.

교회의 유기체성
첫째로, 머리와 몸의 비유는 교회의 유기체성을 보여줍니다. 머리이신 그리스도와 몸인 교회 사이에는 떨어질 수 없는 유기체적 성격이 존재합니다(엡 2:22).

교회의 유기체성이란, 교회를 이루는 구성원들이 개별적으로 존재하는 것이 아니라 그 존재와 작용, 목적에서 서로가 긴밀히 연결되어 있을 뿐만 아니라 교회의 그것과 분리되어 존재할 수 없는 필연적 관계를 가진다는 의미입니다. 마치 인간의 몸의 모든 구성이 독자적으로 존재하는 것이 아니라 서로가 서로를 의지함으로써 하나로 연결되어 살아 있는 육체가 되는 것처럼 말입니다. 교회의 유기체성은 다음 두 관계의 지평에서 설명됩니다.

그리스도와 신자
먼저 그리스도와 신자의 관계입니다. 교회의 유기체성은 그리스도와 신자의 연합을 토대로 합니다. 그리스도와 신자의 연합은 끊어질 수 없는 영원한 것입니다. 그리스도께서는 성령을 통하여 신자 안에 영원한 생명으로 거하심으로써 신자를 돕고 가르치며 중보하십니다. 신자는 성령으로 말미암아 그리스도께서 자신을 떠나지 않고 영원히 계실 것이라는 약속을 보증받습니다(고후 1:22, 5:5).

이 연합을 통하여 그리스도와 신자는 서로의 마음을 공유합니다. 신자는 성령을 통하여 성경의 진리 안에 담긴 그리스도의 생각과 의지를 이해하게 됩니다. 그리고 사랑 안에서 그것을 자신의 것으로 받아들입니다. 또한 신자는 성령 안에서 기도하고, 그 기도 속에서 그리스도와 교통합니다(엡 2:18, 5:18).

신자와 신자

다음으로 신자와 신자의 관계입니다. 신자가 다른 지체와 갖는 신적 연합의 유기체성은 자기 자신 때문에 생긴 것이 아니라 그리스도 안에서 성령으로 말미암아 소유하게 된 것입니다(롬 12:5, 고전 6:19). 신자는 그리스도와 연합을 누림으로써 다른 신자와 유기체적 연합을 이루게 됩니다(고전 10:17, 12:13). 따라서 보이는 교회 안에 있으나 아직 구원받지 못한 사람들은 다른 신자와 영적인 연합을 가질 수 없습니다. 그리스도와의 연합이 없는 곳에서는 사람들 사이의 연합도 존재할 수 없습니다.

이러한 이유 때문에 신자와 신자 사이에서 이루어지는 실제적인 사랑의 연합은 신자 각 사람이 그리스도 안에서 누리는 실제적인 연합에 비례합니다. 신자의 연합이 복음적일수록 그들 가운데 그리스도를 의지하는 믿음이 깊어지는 것도 바로 이 때문입니다(고후 1:9).

따라서 교회가 신적이고 유기체적인 연합을 통해 일치를 이루려면 신자 각 사람이 끊임없는 참회와 자기 깨어짐 그리고 사랑과 순종으로써 그리스도와 실제적인 연합을 이루어야 합니다(고후 7:10~11). 신자 개개인이 그리스도와의 실제적 연합을 통해 신자 사이에서 사랑의 연합을 이룰 때 교회의 유기체성은 실제적인 일치를 이루게 됩니다.

교회의 통일체성

둘째로, 머리와 몸의 비유는 교회의 통일체성을 보여줍니다. 참된 교회를 이루는 신자 사이에는 통일체성이 있습니다. 이 통일체성은 제도와 규율이 아니라 진리를 통해 이루어집니다(요 17:17, 22). 그래서 이것은 교회의 외형적인 질서나 제도에 의해 강요되는 것이 아니라 영적이고 본질적인 것입니다.

교회의 통일체성은 지체의 다양성에도 불구하고 자신들이 동일한 진리의 터 위에 서 있음을 고백하는 데서 나옵니다(딤전 3:15). 그것은 마음의 규칙과 삶의 교훈을 주는 진리의 터입니다(고전 3:11, 엡 2:20, 딤전 3:15). 이것은 교회의 공통된 신앙 고백을 통해 표명되는데, 이러한 표명을 통해 교회는 자신들을 하나 되게 하는 근거가 진리라는 사실을 고백합니다. 이러한 통일체성은 다음에 의해 유지됩니다.

생명에 의해

교회의 통일체성은 생명(*vita*)에 의해 유지됩니다. 교회는 하나님의 생명을 그리스도를 통해 부여받음으로 통일체성을 이룹니다. 이 생명을 누림으로써 하늘에 있는 교회나 땅에 있는 교회 모두 하나의 통일체를 이루는 것입니다.

교회와 그리스도의 연합은 신적 생명의 참여를 의미합니다. 우리는 그리스도께 접붙여져 있는 그의 몸의 일부이며, 그분으로부터 생명이 계속 흘러들어오는 몸입니다. 이 생명은 그리스도 안에서 교회에 주신 하나님의 생명입니다(요 5:26, 고후 4:10~11). 교회는 이 생명을 통해 교회다움을 유지하며, 교회 자신과 이웃을 사랑함으로써 선교적인 삶을 살아갑니다.

교회는 스스로 생명을 얻거나 유지할 수 없습니다. 교회의 모든 지체는 그리스도를 통해 한 생명을 누리며 교통합니다. 이는 마치 우리 몸에 여러 지체가 있으나 한 생명에 의해 움직이고 교통하는 것과 같습니다. 그러나 그리스도는 창조되지 않은 원천으로서의 생명이고, 교회가 누리는 생명은 부여받은 생명입니다(요 1:4, 20:31). 그리스도께서는 당신의 생명을 교회에 부여하여 하나님께서 원하시는 삶을 교회를 통해 이 세상에 구현하십니다.

그러므로 교회의 각 지체는 서로가 서로를 경이로운 마음으로 바라보아야 합니다. 교회의 지체는 각자 그리스도의 생명을 부여받았을 뿐만 아니라 그 생명의 교통 안에 있도록 지정된 피조물이기 때문입니다. 모든 현실적인 차이점에도 불구하고 그리스도를 통해 주어진 하나님의 생명을 공유하고 있다는 사실은 우리가 다른 지체를 바라볼 때마다 깊이 생각해야 하는 것입니다(롬 5:18).

통치에 의해

교회의 통일체성은 또한 그리스도의 통치(*gubernatio*)에 의해 유지됩니다. 교회의 모든 지체는 그리스도의 통치 아래 있습니다(눅 1:33, 롬 15:12). 몸의 모든 기관이 머리의 다스림을 벗어날 수 없는 것처럼 교회의 모든 지체는 머리이신 그리스도의 통치를 벗어날 수 없습니다.

그리스도께서는 특별히, 구원받은 신자를 영원히 통치하십니다. 그리스도께서 신자와 이룬 연합을 교회와의 연합 안에서 영원히 지속하시는 것은 곧 그들을 향한 그리스도의 통치가 영원하다는 것을 의미합니다. 하나님께서는 그 통치를 통해 하나님 나라의 질서를 이 세상에 펼치십니다.

교회를 향한 그리스도의 통치는 이후에 이루어질 온 인류에 대한 그리스도의 통치를 미리 보여줍니다. 물론 지상 교회가 그리스도의 통치를 받는 것과 천상 교회가 그리스도의 통치를 받는 것 사이에는 차이가 있습니다. 천상 교회는 오류가 없는 교회이며, 오류가 있을 가능성이 제거된 교회입니다(계 22:3, 5). 그러나 지상 교회의 신자는 그렇지 않습니다. 여전히 죄를 지을 수 있는 불완전한 인간들입니다. 교회는 완전하게 설립되었으나 교회의 지체는 불완전하여 그리스도께서는 교회의 머리로서 그들을 향한 통치를 지상 교회에 구현하십니다. 이 통치는 은혜와 징계로써 이루어집니다.

은혜로써

먼저 그리스도께서는 은혜(*gratia*)로써 교회를 다스립니다. 하나님의 은혜는 '선한 의지를 이끌어내시는 하나님 사랑의 감화'입니다. 그래서 은혜를 받은 신자는 하나님의 뜻에 순종합니다. 이것이 그리스도께서 은혜로 신자를 통치하신다는 의미입니다.

그리스도께서는 우리에게 생명을 주실 뿐만 아니라 더 풍성히 누리게 하십니다(요 10:10). 그런데 풍성한 삶은 성화의 삶에 달려 있습니다. 신자 안에 역사하시는 은혜로 인해서 하나님의 생명은 신자 안에서 더욱 풍성하게 됩니다(엡 1:7, 빌 1:9, 살후 1:3). 그래서 은혜의 통치에 의해서 점점 더 거룩한 신자로 변하지 않는다면 그는 풍성한 삶을 살지 못할 것입니다.

그리스도께서는 각 사람의 분량에 따라 필요한 은혜를 베푸심으로 이 통치에 복종하게 하십니다(고후 10:5). 이러한 은혜의 작용으로 말미암아 교회의 지체는 그리스도의 가르침을 따르게 됩니다. 그분의 통치는 우발적이거나 계획 없이 이루어지는 것이 아니므로 통치에 어떠한 모순이나 충돌도 없습니다. 이처럼 그리스도께서는 각 신자에게 은혜로 역사하심으로써 교회 전체를 당신의 뜻에 따라 통치하십니다.

징계로써

다음으로 그리스도께서는 징계(disciplina)로써 교회를 다스리십니다. 그리스도께서는 순종하는 데 둔하고 완고한 사람들을 고난으로 훈련하심으로써 통치 의지를 보이십니다.

신자는 하나님의 자녀가 됨으로써 네 가지 특권을 부여받습니다.

외적 신분과 내적 심령의 자유, 하나님의 후사로서의 명분, 하나님께 나아갈 수 있는 담대함, 고난을 통한 징계가 그것입니다(롬 8:2, 8:17, 엡 3:12, 골 1:12, 히 12:7).3)

하나님의 자녀만이 그분의 징계를 받습니다. 징계를 통해 그는 하나님의 자녀다운 사람이 되어갑니다. 이때 신자는 믿음과 순종을 다시 회복하게 되는데, 이것이 징계로 신자를 통치하시는 하나님의 목표입니다.

징계는 그 당시에는 고통일 수 있으나 사실은 보이지 않는 그리스도의 은혜의 작용이며, 그리스도와 연합을 이룬 신자를 향한 말할 수 없는 사랑의 표현입니다. 하나님께서 우리에게 목적하신 바가 있기 때문에 우리를 돌이키게 하시는 것입니다. 신자에게는 징계받는 것 자체가 특권입니다.

"너희가 참음은 징계를 받기 위함이라 하나님이 아들과 같이 너희를 대우하시나니 어찌 아버지가 징계하지 않는 아들이 있으리요 …… 하나님은 우리의 유익을 위하여 그의 거룩하심에 참여하게 하시느니라 무릇 징계가 당시에는 즐거워 보이지 않고 슬퍼 보이나 후에 그로 말미암아 연단 받은 자들은 의와 평강의 열매를 맺느니라"(히 12:7~11).

---

3) 김남준, 『구원과 하나님의 계획』 (서울: 생명의말씀사, 2014), 242-248.

완전한 머리와 불완전한 몸

그리스도와 교회의 연합은 완전하고 영원합니다. 그 무엇에 의해서도 끊어지거나 파괴되지 않습니다. 이 연합이 갖는 항구적 성격에 대하여 사도는 이렇게 말합니다.

"누가 우리를 그리스도의 사랑에서 끊으리요 환난이나 곤고나 박해나 기근이나 적신이나 위험이나 칼이랴 …… 내가 확신하노니 사망이나 생명이나 천사들이나 권세자들이나 현재 일이나 장래 일이나 능력이나 높음이나 깊음이나 다른 어떤 피조물이라도 우리를 우리 주 그리스도 예수 안에 있는 하나님의 사랑에서 끊을 수 없으리라"(롬 8:35~39).

그렇지만 우리는 그리스도와 교회의 관계가 완전한 머리와 불완전한 몸의 관계라는 사실을 기억해야 합니다. 그리스도의 몸인 교회는 불완전합니다. 그래서 지상 교회는 많은 어려움을 겪습니다. 머리이신 그리스도에 대한 사랑과 의존을 잠시라도 놓치면 하나님께서 세우신 목적을 향해 곧바로 전진하지 못하게 됩니다. 교회는 어찌할 수 없는 불완전함을 다음의 두 가지 방법으로 극복합니다.

그리스도를 의존함

첫째로, 교회는 그리스도께 의존함으로써 불완전함을 극복합니다. 교회는 성립될 때부터 그리스도를 의존하여 태어났으며, 유지할 때도 그리스도를 의존합니다(골 2:19). 그래서 그리스도가 실제적으로 교회의 머리이실 때만 교회는 교회답습니다.

교회의 아름다움은 그리스도를 의존하는 아름다움입니다. 하나님께서는 온 땅과 만물 위에 뛰어나서 독립하심으로써 아름답고, 모든 피조물은 그분을 의존함으로써 아름답습니다(시 104:27, 145:15~16). 그리스도는 무한한 우주를 운행하는 수많은 천체보다 당신을 의존하는 한 인간의 마음 안에서 가장 큰 영광을 받으십니다.4) 이것은 단지 교리적이고 원리적인 면에서의 의존만을 가리키는 것이 아닙니다. 실제적으로 끊임없이 그리스도를 사랑함으로써 의지하는 것을 가리킵니다. 교회는 실제적으로 교회의 존재가 그리스도를 의지하고 있으며, 교회가 교회 되기 위해서는 그분의 은혜가 진실로 필요하다는 것을 인정해야 합니다.

신자 개개인의 온전한 삶은 그가 실제 삶 속에서 얼마나 간절히

---

4) 조나단 에드워즈는 성부 하나님에 의해, 성자 예수 그리스도를 통해, 성령 하나님 안에서 이루신 놀라운 구속 사역을 통해 하나님은 영광을 받으시는데, 그것은 다름 아닌 '하나님을 향한 구속받은 자들의 절대적(absolute)이며 총체적인(universal) 의존'으로 나타난다고 말합니다. "하나님을 의존하는 것은 그분의 완전한 충족성(all-sufficiency)을 증명합니다. 피조물이 하나님을 의존하는 것이 크면 클수록 피조물의 부족함은 그만큼 크게 드러납니다. 피조물의 부족함이 크면 클수록 그들에게 (필요한 것들을) 공급해 주시는 하나님의 풍성함도 그만큼 더 커집니다. 우리가 '하나님으로부터' 모든 것을 소유한다는 것은 그분의 능력과 은혜의 풍성함을 보여줍니다. '하나님을 통하여' 모든 것을 소유한다는 것은 그분의 공로와 가치의 풍성함을 보여줍니다. '하나님 안에서' 모든 것을 소유한다는 것은 그분의 아름다움과 사랑과 행복의 풍성함을 증거 합니다. 또한 구속받은 자들은 하나님을 많이 의존하기에 그분의 영광과 풍성하심을 알 기회도 많아질 뿐만 아니라 이를 묵상하고 인정해야 할 의무도 있습니다. 절대적이고 직접적이며 총체적으로 의존하는 하나님의 충족성과 영광을 인정하지 않는다면, 우리는 참으로 불합리하고 배은망덕한 자들이 아닙니까?" Jonathan Edwards, "God Glorified in Man's Dependence," in *The Works of Jonathan Edwards*, vol. 17: Sermons and Discourses, 1730-1733, ed. Mark Valeri (New Haven: Yale University Press, 1999), 202, 210-211.

그리스도와 동행하기를 원하고 그분의 은혜 안에 살기를 원하는지에 달려 있습니다. 그리스도를 향한 이러한 갈망은 단지 개인의 차원에 머물지 않고 공동체적 지평으로 확장되어야 합니다. 한 신자의 영혼의 살아 있음이 그리스도를 향한 끊임없는 의존 속에서 입증되듯, 교회 공동체의 살아 있음 역시 그리스도를 의존하는 공동체적 갈망을 통해 입증되어야 합니다.

그리스도와의 연합을 누림

둘째로, 교회는 그리스도와 연합을 누림으로써 불완전함을 극복합니다. 교회와 그리스도의 연합도 신자와 그리스도의 연합처럼 원리적인 연합과 실제적인 연합으로 나누어서 생각할 수 있습니다.

원리적 연합 : 교회 안에 항상 거하심

교회는 머리이신 그리스도와 연합된 몸인데, 원리적으로 이러한 관계는 영원하며 불변하고 완전합니다. 교회의 영적인 상태와 상관없이 이러한 영적 연합은 결코 사라지지 않을 것이며, 무엇에 의해서도 파괴되지 않을 것입니다. 이는 그리스도를 통해 교회와 맺은 하나님의 언약의 불변성 때문입니다(히 6:17~18).

예수 그리스도께서는 영원히 우리와 함께하겠다고 약속하셨습니다(마 28:20). 이것은 곧 교회에 대한 약속이기도 합니다. 그렇지만 지상의 교회는 영원하지 않습니다. 지상 교회는 하나님의 나라가 완성될 때까지만 존재합니다. 지상 교회는 하나님의 나라를 위한 한 알의 밀알입니다(요 12:24). 그렇지만 진정한 의미의 교회, 곧 참으로 중생하여 그리스도께 접붙여진 모든 신자의 연합인 보편 교회는 영원합니다. 그리스도께서 교회를 떠나지 않고 그 안에 영원히 거하신다는 것은 너무나 분명합니다(히 13:5). 이는 다음 두 가지 점에서 명백히 논증될 수 있습니다.

먼저, 교회와의 생명적인 관계 때문입니다(요 6:53). 그리스도께서는 당신의 존재를 교회에 의존하지 않으시지만 영원히 교회와 함께하기로 약속하셨습니다. 이는 삼위 하나님의 영원하고 불변하는 사랑으로 그렇게 된 것입니다.

그러므로 교회가 그리스도와의 연합에서 끊어지지 않을 것이라는 사실은 구원받은 신자가 그리스도와의 연합에서 끊어질 수 없다는 사실만큼 분명합니다(롬 8:39).

또한, 성령의 내주하심 때문입니다. 본질적으로 교회와 그리스도의 연합은 그리스도와 연합된 신자와 그리스도의 연합입니다(롬 12:5). 신자가 구원을 통해 각기 그리스도와 맺은 연합은 절대 끊어지지 않는 영원한 연합입니다. 이것은 성령의 내주하심으로 이루어졌습니다(요일 3:24).

참으로 구원받은 신자는 그리스도의 몸에서 다시 분리되지 않습니다. 만약 그렇게 된다면 누구도 마지막 날에 이루어질 구원의 완성에 자신이 참여할 수 있을지 확신하지 못할 것입니다. 하나님께서는 성령을 주셔서 신자가 결코 하나님의 사랑에서 끊어지지 않을 것을 보증하십니다(고후 1:22, 5:5).

이처럼 교회의 머리는 영원히 그리스도이십니다. 그래서 교인이 몇 명 모이지 않는 시골 교회여도, 좋은 학교를 나오지 못한 목회자가 목회하는 교회여도, 이런저런 일로 흔들리는 교회여도, 다 쓰러져가는 건물 위에 세운 교회여도 그 교회의 머리는 예수 그리스도이십니다. 그런 교회를 우리가 함부로 대한다면 교회의 머리이신 그리스도의 마음이 얼마나 아프시겠습니까?

실제적 연합 : 사랑 안에서 누림

실제적으로 교회와 그리스도의 연합은 신자와 그리스도의 연합처럼 가변적입니다. 다시 말해서 공동체로서 교회가 그리스도를 사랑하는 것만큼 그 연합을 누리는 것입니다. 따라서 실제적인 연합의 효과는 교회가 그리스도를 사랑하고 순종함으로써 증진됩니다.

교회는 그리스도와 실제적인 연합을 누려야 합니다. 그럴 때 교회는 하나님께서 의도하신 존재가 되어 합당한 작용과 섬김을 하게 됩니다(엡 4:15). 이 세상을 고쳐 창조의 목적으로 돌아가게 하는 데 이바지할 수 있게 됩니다. 교회는 그때 가장 영광스럽고 아름다운 존재가 됩니다. 마치 신자가 하나님을 사랑하고 이 세상을 창조의 목적으로 돌아가도록 섬기는 봉사 안에서 가장 아름다운 존재가 되는 것처럼 말입니다.

따라서 교회는 그리스도와 원리적인 연합에서 끊어질 수 없다는 사실에 만족하지 말아야 합니다. 참된 신자는 그리스도 안에서 받은 구원이 취소될 수 없는 것이므로 이제 마음 놓고 아무렇게나 살아도 좋다고 생각하지 않습니다. 교회에 대해서도 우리는 그런 태도를 취해야 합니다. 영원히 교회를 떠나지 않을 것이라는 그리스도의 약속이 교회가 그분을 갈망하지 않게 하는 구실이 된다면 그분의 은혜를 헛되게 사용하는 것입니다(신 10:20, 11:22).

그러면 교회와 그리스도의 실제적인 연합의 증진은 어떻게 이루어질까요? 이는 교회를 이루는 각 지체의 사랑과 순종을 통해 이루어집니다.

그리스도를 사랑함

교회가 그리스도를 사랑할 때 실제적인 연합이 증진됩니다. 실제적 연합의 결과로 사랑하게 되는 것이 아니라 신자가 사랑함으로써 실제적인 연합을 가져오는 것입니다(요일 2:5).

그 사랑은 그리스도를 사랑함으로써 그분 안에서 계시된 하나님을 사랑하게 하는 사랑입니다. 그 사랑으로 계명을 지키고, 그 순종 안에서 하나님의 사랑을 받습니다(요 14:15, 21). 그래서 교회는 신자 개개인으로 하여금 그리스도를 사랑하게 할 뿐만 아니라 다른 지체와 함께 공동체적으로 그리스도를 사랑하며 봉사하도록 해야 합니다. 이것이 하나님께서 목회자와 성숙한 신자에게 양 떼를 돌보게 하신 이유입니다(빌 1:9).

그렇지만 신자 개개인이 그리스도를 사랑하면 공동체적으로도 그분을 향한 섬김이 당연히 깊어질 것이라고 말하기는 어렵습니다. 신자들 사이의 관심사가 서로 다르면 교회가 공동체적 일치를 이루기 어렵기 때문입니다. 그럴 때 교회는 실제적으로 하나님께서 부여하신 고유한 사명을 감당하기 어렵게 됩니다. 그래서 각 신자는 그리스도께서 교회에 부여하신 교회의 존재 목적에 자신의 존재 목적을 일치시켜야 합니다(골 1:24). 여기에 교회를 향한 신자의 사랑이 있습니다. 교회를 사랑하는 신자는 자신의 몸처럼 교회를 사랑하고, 교회 공동체와 함께 교회의 존재 목적을 성취하는 데 열심을 냅니다. 그 과정을 통해서 신자는 그리스도의 몸에 접붙여져 지체가 되게 하신 하나님의 뜻을 이루어갑니다(엡 3:2).

그리스도께 순종함

실제적인 연합의 증진은 또한 교회가 그리스도께 순종할 때 이루어집니다. 은혜의 작용으로 신자는 순종할 수 있게 됩니다. 하나님의 은혜가 신자 안에서 선한 의지를 불러일으키기 때문입니다. 이러한 은혜 작용의 주체는 성령이십니다(행 5:32).

하나님의 은혜와 인간의 자유 의지 사이에는 말할 수 없는 신비가 있습니다. 순종은 지순의 사랑에서 비롯되는 것으로, 자신의 모든 뜻을 사랑하는 대상에게 합치시키는 데서 옵니다(마 16:24). 그래서 외적인 순종은 내적인 사랑의 표현입니다. 하나님께서는 신자의 순종을 통해 각 사람 안에 있는 그리스도를 향한 사랑이 나타나는 것을 기뻐하십니다.

신자는 이중적인 관계에서 머리이신 그리스도께 순종합니다. 한편으로는 신자 개인으로서 그리스도께 순종하고, 다른 한편으로는 교회의 지체로서 머리이신 그리스도께 순종합니다(엡 5:24). 후자는 전자 없이 이루어지지 않지만, 전자가 이루어졌다고 해서 반드시 후자가 이루어지는 것은 아닙니다. 개인적인 영역에서는 순종하는 것 같아도 교회 전체가 일치를 이루지 못한다면 교회를 향한 하나님의 뜻을 분별할 수 없고, 그 뜻을 모르면 순종할 수 없기 때문입니다. 그러므로 공동체적으로 그리스도께 순종할 때 강조되어야 할 것은 교회의 일치입니다.

그래서 신자는 그리스도와 누리는 실제적인 연합이 공동체적 지평 속에서도 동일하게 나타나도록 지체들과 화합해야 합니다. 신자 개개인이 순종하고 있다고 생각하더라도 교회가 공동체적 일치를 이루지 못한다면, 교회는 머리이신 그리스도께 순종하지 못하게 되기 때문입니다. 그러면 교회는 자신의 존재 목적에 따라 하나님을 섬길 수 없게 됩니다. 그리고 그것은 신자가 개인적으로 누리는 하나님과의 평화도 위협할 것입니다.

맺는말

우리의 구원은 단지 개인적인 일이 아닙니다. 우리는 구원에 대해 매우 개인적인 사고관을 갖고 있습니다. 예수님은 '나'의 머리가 되시고, 예수님께 접붙여진 자는 마치 자기 한 명뿐이라고 생각합니다. 그렇지만 성경은 우리의 구원을 공동체적으로 말합니다. 우리가 구원받을 때 이미 예수님께 접붙여져 있던 교회 공동체에 접붙임을 받는 것입니다. 그로 인해 예수 그리스도께서는 '우리'의 머리가 되십니다.

신자는 자신의 신앙을 공동체의 지평에서 바라보아야 합니다. 공동체에서 멀어진 채 개인의 신앙이 번성하기를 바라는 것은 마치 하늘 위의 연(鳶)이 줄을 끊으면 더 높이 솟아오를 것이라고 생각하는 것과 같습니다. 그런데 실상은 더 높이 오르지 못하게 붙들고 있다고 여겨지는 그 줄 때문에 연은 하늘 높이 떠 있는 것입니다.

일평생 완고하게 살아온 사람들이 그리스도의 교회에서 변화를 경험합니다. 예배와 기도, 교제와 봉사 안에서 무지를 깨우치고 진리를 아는 지식을 부여받습니다. 그리고 이미 은혜 안에서 그렇게 살아가고 있는 지체를 보며 자신도 그렇게 살아가야 할 사람임을 자각하게 됩니다. 순종하는 사람들의 행복한 삶은 불순종하는 자신의 불행한 삶과 대조를 이루면서 그리스도께 돌아갈 용기를 얻게 합니다. 이 모두 신자의 공동생활을 통하여 얻는 유익입니다.

그런데 우리는 교회 공동체를 어떻게 대하고 있습니까? 혹시 자신이 교회에서 받은 도움보다 교회가 자신을 얼마나 힘들게 했는지에 대해 더 많이 생각하고 있지는 않습니까? 그러나 믿음은 바로 그런 마음의 짐, 곧 교회의 부족한 점 때문에 우리로 하여금 그리스도께 더 가까이 나아가게 합니다. 성경은 그것을 그리스도의 남은 고난을 자신의 육체에 채우는 것이라고 말합니다(골 1:24). 그럼으로써 그는 자신 안에 예수의 흔적을 지니게 됩니다(갈 6:17).

예수님께서는 부활 후 제자들에게 나타나 자신의 몸에 새겨진 창자국과 못 자국을 보여주셨습니다(요 20:20). 부끄러운 고난의 상처는 주님이 우리를 위해 어떠한 삶을 사셨는지를 보여줍니다. 그분은 우리를 섬기기 위해 이 세상에 왔고, 우리를 살리기 위해 고난의 잔을 마셨습니다. 십자가의 고난이 크면 클수록, 그것은 우리를 향한 주님의 사랑이 그만큼 크다는 사실을 보여주었습니다.

먼저 보여주신 그 사랑이 있었기에 우리도 주님을 사랑할 수 있습니다. 그리스도의 몸인 교회를 사랑할 수 있습니다. 그 사랑으로 시련을 견디고, 감당할 수 없는 일을 감당합니다. 그러면 주님이 다시 오시는 날, 우리 안에 새겨진 고난의 흔적은 부활의 몸에 빛나는 영광의 흔적이 될 것입니다.

제5장 그리스도와 지체 | Chapter 1. 그리스도와 교회 : 머리와 몸

Study Guide

내용 이해를 위한 토의

1. 신자는 교회 공동체의 일원으로서 그리스도와 연합됩니다.
   - 신자와 그리스도의 연합에서 두 가지 특징은 무엇입니까?
   - 신자는 교회와 그리스도의 연합 안에서 그리스도와 한 몸이 됩니다. 이 사실이 우리에게 주는 의의는 무엇입니까?

2. 성경은 그리스도와 교회의 관계를 머리와 몸의 관계로 비유합니다.
   - 교회의 유기체성이란 무엇입니까? 그것은 그리스도와 신자, 신자와 신자의 관계에서 어떤 관련이 있습니까?
   - 교회의 통일체성이 유지되는 두 가지 원리는 무엇이며, 그리스도께서 교회를 통치하시는 데 사용하는 두 가지 방법은 무엇입니까?

3. 교회의 머리는 완전하나 몸은 불완전합니다.
   - 교회의 아름다움은 어디에 있습니까?
   - 교회의 불완전함은 그리스도와의 연합을 누림으로써 극복됩니다.
     - 그리스도가 교회를 영원히 떠나지 않으실 것이라는 근거는

무엇입니까?
- 교회와 그리스도의 실제적인 연합은 무엇을 통해서 증진 됩니까?

적용과 실천을 위한 나눔

1. 신자는 징계받을 때에도 믿음으로 하나님을 신뢰한다면 선에 이르게 될 것입니다. 그렇지만 우리의 시야는 좁아서 당장 자기 앞에 닥친 일밖에 보지 못합니다. 그런 우리가 어떠한 믿음을 가질 때 하나님의 징계가 우리를 하나님의 자녀답게 만드는 방법이라는 사실을 붙들 수 있을까요?

2. 신앙생활은 개인적으로만 잘하면 되는 것이라고 생각하고 있지 않습니까? 그렇지만 하나님께서는 우리를 공동체적으로 다루십니다. 교회 공동체가 어떠하냐에 따라서 우리가 하나님 앞에 판단받고 있는 것입니다. 자신의 신앙을 공동체의 지평에서 바라보게 된 계기가 있다면 나누어봅시다.

Chapter 2
불완전한 혼합인 교회

참신자와 거짓 신자

지상 교회 안에는 참된 신자와 거짓된 신자가 함께 있어서 교회는 불완전한 혼합을 이루고 있습니다. 더욱이 신자들도 여전히 죄의 영향을 받고 있습니다. 그래서 현실 교회는 불완전합니다. 예수 그리스도께서는 하나님의 나라를 설명하며 이러한 사실을 우리에게 풍부하게 가르쳐주셨습니다.

구별은 불가능함
예수 그리스도의 다음 비유는 지상의 교회 안에 알곡과 가라지가 함께 자란다는 사실을 보여줍니다.
"…… 천국은 좋은 씨를 제 밭에 뿌린 사람과 같으니 사람들이 잘 때에 그 원수가 와서 곡식 가운데 가라지를 덧뿌리고 갔더니 싹이 나고 결실할 때에 가라지도 보이거늘 …… 둘 다 추수 때까지 함께 자라게 두라 추수 때에 내가 추수꾼들에게 말하기를 가라지는 먼저 거두어 불사르게 단으로 묶고 곡식은 모아 내 곳간에 넣으라 하리라"(마 13:24~30).

이러한 사실은 그물의 비유에서 더욱 뚜렷하게 나타납니다.

"또 천국은 마치 바다에 치고 각종 물고기를 모는 그물과 같으니 그물에 가득하매 물 가로 끌어내고 앉아서 좋은 것은 그릇에 담고 못된 것은 내버리느니라 세상 끝에도 이러하리라 천사들이 와서 의인 중에서 악인을 갈라내어 풀무 불에 던져 넣으리니 거기서 울며 이를 갈리라"(마 13:47~50).

밭은 두 식물에게 양분을 공급합니다. 그물은 두 종류의 물고기를 바다에서 모두 거두어 옵니다. 그날이 될 때까지 밭에 있는 식물은 농부의 돌봄을 받으면서 자라고, 그물에 담긴 물고기는 어부에 의해 소중하게 끌어올려집니다. 그러나 이러한 상황은 영원히 계속되지 않습니다. 마지막 날이 되면 최종적인 선별(選別)이 있을 것입니다(마 25:32~33). 그 선별에 따른 상벌을 주인이 베풀 것입니다. 거기에는 어떠한 착오나 실수가 없습니다.

지상 교회는 온갖 물고기가 함께 낚이는 그물과 같고, 알곡과 가라지가 함께 자라는 밭과 같습니다. 교회 안에는 참된 신자와 거짓된 신자가 함께 있습니다. 의도된 거짓 신자도 있지만, 의도되지는 않았으나 실질적으로 거짓 신자인 사람들도 있어서 지상에 있는 모든 교회는 정도의 차이는 있으나 불완전한 혼합일 수밖에 없습니다.[1]

---

1) Avrelivs Avgvstinvs, *De Doctrina Christiana*, in *Corpvs Christianorvm Series Latina*

교회는 그들을 구별하는 데 힘써야 합니다(고전 5:2, 계 2:2). 하지만 완전히 구별할 수는 없습니다. 거짓 신자를 가려내는 것은 교회가 이 땅에서 반드시 성취해야 하는 과업이 아닙니다.

종말까지 계속될 교회의 특성

현실적으로 불완전하고 혼합적인 교회의 성격은 세상 끝 날까지 지속될 것입니다. 그러면 우리는 교회의 불완전한 혼합의 특성을 어떻게 이해해야 할까요? 과연 불완전한 혼합 속에서 교회는 거룩함에 이를 수 있을까요? 불완전한 혼합으로 인하여 교회가 당하는 고통을 어떻게 받아들여야 할까요? 이러한 사실들은 다음과 같이 정리할 수 있습니다.

노아 방주의 예표

교회에 신자와 거짓 신자가 섞여 있을 것이라는 사실은 노아 홍수에서 예표되었습니다. 홍수로 인한 멸절을 피하기 위해 방주(方舟)에 태운 생물은 선별된 몇 종이 아니라 모든 종류였습니다(창 6:19~20). 하나님께서는 정결한 짐승과 부정한 짐승을 함께 배에 태워 생명을 보존하게 하셨습니다.

XXXII: *Avrelii Avgvstini Opera*, Pars IV, 1 (Tvrnholti: Typographi Brepols Editores Pontificii, 1996), 104-105; Avrelivs Avgvstinvs, *In Iohannis Evangelivm Tractatvs*, in *Corpvs Christianorvm Series Latina XXXVI: Avrelii Avgvstini Opera*, Pars VIII (Tvrnholti: Typographi Brepols Editores Pontificii, 1990), 116; Avrelivs Avgvstinvs, *De Catechizandis Rvdibvs*, in *Corpvs Christianorvm Series Latina XLVI: Avrelii Avgvstini Opera*, Pars XIII, 2 (Tvrnholti: Typographi Brepols Editores Pontificii, 1969), 156.

"너는 모든 정결한 짐승은 암수 일곱씩, 부정한 것은 암수 둘씩을 네게로 데려오며 공중의 새도 암수 일곱씩을 데려와 그 씨를 온 지면에 유전하게 하라"(창 7:2~3).

하나님께서 부정한 짐승을 정결한 짐승과 함께 살려두신 것은 생태학적인 고려인 동시에 종교적인 배려였습니다. 부정한 것이 없으면 정결한 것도 있을 수 없습니다. 둘은 각각 대조되는 개념입니다. 이는 마치 섭리 속에서 악이 존재하도록 허용하여 선이 무엇인지를 인간에게 가르치시는 것과 흡사합니다.

하나님께서는 부정한 짐승과 정결한 짐승을 지면에 보존하게 하여 후일에 이스라엘 백성들이 하나님의 율법에 따라 부정한 것을 피하고 정결한 것을 선택하게 하셨습니다. 그래서 하나님께 순종하는 도리를 깨닫게 하셨습니다(창 8:20, 레 10:10). 부정한 것을 피하는 일을 통해 이스라엘 백성들은 더욱 정결해지기를 사모하게 되었습니다. 곧 부정한 것이 하나님의 백성들에게 정결해야 할 본분을 자각하게 한 것입니다.

이러한 경륜의 지혜

교회도 불완전한 혼합을 이루고 있습니다. 그러나 그것은 우리에게 다음과 같은 유익을 줍니다.

먼저 거짓된 신자가 존재함으로써 참신자는 참된 것을 동경하고 사랑합니다. 참신자는 거짓에 접촉하는 고통을 깨달을 때 참신자와 나누는 교제의 복됨을 알게 됩니다. 거짓의 추함을 발견함으로써 오히려 진리를 사모하게 되고, 그리스도와 연합을 이루고 살아가는 행복에 대하여 더 깊이 생각하게 되는 것입니다.

다음으로 교회 안의 불완전한 혼합적 성격으로 신자는 자신 안에 있는 거짓과 불의를 보게 됩니다. 보이는 교회 안의 불완전한 혼합의 성격은 신자 안에 있는 새사람의 성품과 옛 사람의 성품 사이의 갈등을 반영하는 것입니다(롬 7:24). 신자는 불완전한 혼합으로 인해 고통 받는 지상 교회를 봅니다. 그는 본질적으로 이러한 갈등이 자신 안에 존재하는 죄와의 갈등임을 깨닫고 겸비해집니다(고후 11:28~29).

참으로 그리스도를 사랑하는 신자는 교회의 부족함 안에서 자신의 부족함을 봅니다. 불완전한 교회의 혼합 속에서 신자는 자신 안에 죄와 은혜가 함께 있음을 깨닫습니다(롬 7:20, 요일 1:8). 이때 그는 교회의 허물과 상처를 보면서 좌절하지 않습니다. 오히려 우리 안의 새사람을 살리시는 그리스도를 더욱 의지합니다. 그리하여 온전한 영적 성숙에 이르게 됩니다. 신자 개개인의 이러한 성숙은 결국 공동체적으로 교회의 온전함에 기여하게 됩니다.

교회의 거룩함

교회 안에 있는 불신자는 교회에 끊임없이 고통을 줍니다. 하지만 그럼에도 불구하고 교회는 거룩함을 잃지 않습니다. 교회의 거룩함은 교회 안에 있는 거짓된 고백자를 남김없이 축출함으로써 이루어지는 것이 아닙니다. 그것은 현실적으로 가능하지도 않습니다. 물론 세상 사람들에게는 그것이 교회의 평판을 낮추는 요인이 될 것입니다. 그러나 참된 교회는 교회 안에 있는 불신자 때문에 거룩함을 잃지 않습니다. 왜냐하면 그들은 보이지 않는 교회의 구성원이 아니기 때문입니다(갈 2:4).

참된 교회는 외형적으로 신앙을 고백하는 사람들의 공동체가 아닙니다. 실제로 중생하여 그리스도 예수께 접붙여진 신자들의 연합이 교회입니다. 따라서 지상 교회의 불신자는 눈에 보이는 교회 안에 있지만 참된 교회의 일원이 아니므로 교회의 거룩함을 해치지 않습니다. 그러나 신자가 악을 행하면 교회의 거룩함은 위협을 받습니다. 그리스도와 교회의 실제적인 연합에 흠집이 가고 교회는 고난을 받습니다(고전 5:1).

하지만 교회의 고난은 교회를 정화하는 수단이 됩니다. 교회는 교회 내의 악을 통하여 하나님의 선을 갈망하게 되고, 거짓 신앙을 통하여 진실한 신앙을 더욱 사모하게 될 것이기 때문입니다. 그리스도를 사랑하는 사람은 불의를 보면 하나님의 의를 생각하고, 서로 미워하는 것을 보면 주님의 사랑을 생각합니다. 오류를 보면서 진리의 가치를 깨닫고, 분쟁을 통하여 일치의 소중함을 알게 됩니다. 이처럼 교회는 불완전한 혼합 속에서도 자신의 순전함을 유지합니다.

토투스 크리스투스

토투스 크리스투스라는 교리의 핵심은, 지상 교회는 필연적으로 불완전한 혼합일 수밖에 없지만, 신자는 '교회 안에 들어온 모두를 그리스도의 몸으로 여기고 사랑해야 한다'는 뜻입니다.

지상 교회 안에는 신자와 불신자가 같은 고백 안에서 한 교회를 이루고 있습니다. 불신자 중에는 스스로 거짓 신자 되기를 의도하여 교회에 침투한 자도 있으나, 아직 중생과 회심에 이르지 못해 그리스도께 접붙여지지 못한 사람도 있습니다(갈 2:4, 유 1:4). 교회는 최선을 다해 '가만히 들어온' 거짓 신자를 가려내고, 아직 회심에 이르지 못한 자를 위해 기도해야 합니다(계 2:2). 그러나 신자는 교회 안의 참신자와 거짓 신자를 완벽하게 가려낼 수 없습니다. 따라서 교회는 교회 안에 들어온 모두를 그리스도와 한 몸을 이룬 사람들로 간주해야 합니다.

불신자는 아직 중생한 사람이 아닙니다. 그는 하나님을 향한 적의와 반감으로 그분을 대적하는 사람입니다. 그럼에도 불구하고 신자는 그를 사랑해야 합니다. 신자는 보이는 교회에 속한 모든 지체를 그리스도의 몸으로 여겨야 합니다(요 13:1). 이때 신자의 사랑의 대상이 되는 넓은 의미의 교회가 **토투스 크리스투스**입니다. 우리는 요한복음 10장에서 이 교리에 관한 주요한 가르침을 발견합니다.

"또 이 우리에 들지 아니한 다른 양들이 내게 있어 내가 인도하여야 할 터이니 그들도 내 음성을 듣고 한 무리가 되어 한 목자에게 있으리라"(요 10:16).

예수 그리스도께서는 울타리 안에 들어 있지 않은 양을 걱정하셨습니다. 그들은 아직 당신 곁에 있지도 않은데 말입니다. 하지만 시간을 초월해서 보면 그들 모두 그분의 양이기 때문에 동일하게 사랑하신 것입니다.

또한 제자들 가운데 있으면서도 그리스도께 속하지 않았던 가룟

유다를 통해서도 우리는 배웁니다. 예수님께서는 처음부터 유다가 자신을 팔 것을 아셨습니다. 그럼에도 불구하고 유다를 대할 때 다른 사도들과 차별하지 않으셨습니다. 당신을 팔려는 유다에게까지 예수님의 살인 떡과 피인 포도주를 나누어주셨습니다(마 26:27).

이처럼 교회의 머리이신 그리스도께서는 외형적으로는 그분께 속했으나 참으로는 속하지 않은 사람조차도 사랑하셨습니다. 보이는 교회의 모든 지체를 그리스도의 몸으로 여기라는 성경적 가르침을 받아들이는 것은 예수 그리스도의 이러한 모본을 따르는 것입니다.

참 하나님이신 예수 그리스도께서는 참사람으로 이 세상에 오셨습니다. 우리에게 하나님이 어떤 분인지를 알려주셨을 뿐만 아니라 사람이 어떻게 살아야 하는지를 몸소 보여주셨습니다. 그리고 우리에게 당신을 따라오라고 말씀하셨습니다(요 21:19). 그래서 우리는 교회 안에 있으나 아직 불신자인 사람들도 사랑합니다. 우리는 다음과 같은 이유 때문에 이 교리가 성경적이라고 생각합니다.

첫째로, 교회 안에 있는 불신자는 아직 회심하지는 않았지만 그리스도께서 택하신 양일 수 있습니다. 택하셨지만 아직 우리 밖에 있는 양들이 그리스도께 사랑을 받았다면 교회도 그들을 사랑해야 합니다. 또한 그렇다면 그리스도께서 택하셔서 보이는 교회의 울타리 안에 이끌려진 양들은 얼마나 더 많이 사랑해야 하겠습니까?

보이는 교회에 들어온 때와 보이지 않는 교회에 들어온 때가 일치하는 사람도 있지만, 대부분의 사람은 보이는 교회에 들어왔으나 보이지 않는 교회에 접붙여지지 않은 시기가 있습니다. 그렇다면 교회는 그들 중 어떤 사람이 배교자로 드러날 개연성이 있다고 해도 그들을 가려내기 위해 애씀으로써 참으로 사랑해야 할 선택된 지체를 사랑할 기회를 잃어버리기보다는, 그들을 그리스도와 한 몸을 이룬 지체로 간주하고 사랑하는 것이 마땅합니다(마 13:29).

둘째로, 그들이 선택받지 않은 자들이라고 해도 교회는 이미 받은 하나님의 사랑 때문에 그들을 사랑하지 않을 수 없습니다(엡 5:1~2). 예수 그리스도께서 사랑하시고 위하여 눈물을 흘리신 사람들은 하나님께 선택된 사람들만이 아니었습니다. 그리스도께서 지상 생애에서 보여주신 차별 없는 사랑은 분별력의 부족에서 기인한 것이 아닙니다. 오히려 그리스도 안에 하나님의 사랑이 있었기 때문입니다.

예수 그리스도께서는 죄인들이 하나님과 화목하기를 바라셨습니다. 그 일을 위해 이 세상에 오셨고, 십자가에서 죽으셨습니다. 그분은 당신을 십자가에 못 박은 용서받지 못할 죄인들을 위해서도 죄 사함을 구하셨습니다(눅 23:34). 이는 육신의 몸을 입으신 예수 그리스도의 불완전함을 보여주는 것이 아니라 오히려 하나님의 완전한 사랑을 보여주는 것입니다.

보이는 교회를 사랑함

보이지 않는 그리스도를 향한 사랑은 보이는 교회의 지평에서 입증되어야 합니다. 이에 대해 테르툴리아누스(Quintus Septimius Florens

Tertullianus, 160~220)는 이렇게 말했습니다.

"두 사람이 함께 있을 때 거기에 교회가 있습니다. 그리고 교회는 그리스도이십니다. 그러므로 우리가 형제를 용서하고 안아줄 때 우리가 안고 있는 것은 그리스도이며, 우리는 그분께 기도를 올립니다. 이와 똑같이 형제들이 우리로 인해 눈물을 흘릴 때 슬퍼하는 분은 그리스도이시며, 그분은 성부께 자비를 구하는 분이십니다."[2]

만약 누군가가 하나님을 사랑한다고 말하면서 교회를 욕하고 부끄럽게 한다면, 실상은 그 사람 안에 하나님을 향한 사랑이 없는 것입니다(요일 4:20). 교회에 대한 사랑과 하나님에 대한 사랑은 나뉠 수 없습니다(요일 4:11). 하나님의 사랑은 하나님께서 사랑하시는 것들을 사랑하게 하는데, 하나님께서는 그리스도의 신부가 된 교회를 깊이 사랑하시기 때문입니다.

그러므로 신자는 눈에 보이는 교회 안의 모든 지체를 그리스도의 몸으로 여겨 사랑해야 합니다. 알곡과 쭉정이를 가르는 마지막 심판은 교회의 주인이신 그리스도께 위탁되어 있습니다(마 13:30). 우리는 누가 알곡이고 쭉정이인지 가르기를 힘쓰기보다는 오히려 그날이 올

---

[2] "*In uno et altero Ecclesia est, Ecclesia vero Christus. Ergo cum te ad fratrum genua protendis, Christum contrectas, Christum exoras. Aeque illi cum super te lacrimas agunt, Christus patitur, Christus Patrem deprecatur....*" Tertullian, "On Repentance," in *The Ante-Nicene Fathers*, vol. 3, trans. Thelwall (Grand Rapids: Wm. B. Eerdmans Publishing, 1986), 664.

때까지 눈에 보이는 교회의 모든 구성원을 섬기고 사랑하는 쪽을 택해야 합니다.

하나님께서 우리에게 주신 지식의 빛과 은혜의 열정은 모두 이 일을 위함입니다. 우리가 받은 모든 좋은 것은 교회를 통해 우리에게 주어진 것이므로 우리는 그것들로 교회를 섬기는 것이 마땅합니다. 우리의 섬김으로 지상의 교회가 조금이라도 더 온전한 교회가 되도록 기도해야 합니다.

보이는 교회에 속한 지체를 사랑하기 힘들 때마다 신자는 진리의 소중함을 알게 되고, 교회의 온전함을 사모하게 됩니다. 그런데 교회가 온전해지는 것은 사람의 힘에 달려 있지 않으므로 우리는 끊임없이 그리스도를 의지합니다. 그리하여 모든 신자는 그리스도께 접붙여진 몸으로서 머리이신 그리스도를 의존하며 살아갑니다(골 2:19). 이처럼 교회 안에 신자와 거짓 신자, 성숙한 자와 미성숙한 자가 함께 섞여 있음을 통해서 하나님께서는 당신의 지혜를 이루어가십니다. 이것이 바로 불완전한 교회를 향한 하나님의 경륜입니다.

맺는말

보이는 교회가 어려움을 당할 때 사람들은 처음에 교회를 염려합니다. 그러다가 자기의 욕심을 따라 교회를 아프게 한 사람들이 보이기 시작합니다. 교회를 아프게 하는 사람들에 대한 미움과 복수심이 자기도 모르게 신자 안에 자리 잡습니다. 그때는 이미 그리스도의 몸에 대한 사랑이 사라진 뒤입니다. 예수의 몸인 교회를 향한 사랑은 교통적 성격이 있기 때문에 하나님과 교회뿐만 아니라 보이는 사람들도 사랑하게 합니다(요일 4:8). 따라서 사람을 미워하고 사람에게 분노한다는 것은 그에게 이미 그 사랑이 사라졌다는 증거입니다. 한때 교회를 사랑했던 많은 사람들이 이 지점에서 무너졌습니다.

교회는 교회 안에서 불완전한 혼합을 이루는 거짓 신자도 사랑하도록 부름받았습니다. 그런데 거기서 그치지 않습니다. 교회에 주신 하나님의 사랑은 교회의 울타리를 넘어 온 세상에까지 미쳐야 할 교통적 사랑입니다. 교회는 불신자는 물론 이교도들까지 사랑하도록 요청받습니다. 교회가 택함 받은 자들과 그렇지 못한 자들을 분별할 수 있다고 하더라도 교회는 택함 받지 못한 사람들까지 사랑해야 합니다. 하물며 교회 안에서 교회를 아프게 하는 신자야 더 말할 필요가 없습니다.

교회는 실로 이 교리를 자신에게 적용하기를 힘써야 합니다. 교회 밖의 거듭나지 않은 영혼들을 보며 눈물을 흘린다면, 보이는 교회의 울타리 안에 있으면서 참된 구원에 이르지 못한 거짓 신자를 위해서는 더 많이 통곡해야 합니다(눅 19:41). 세상 끝 날까지 신자는 이러한 정신으로 교회의 모든 지체를 사랑하며 살아가야 합니다.

제5장 그리스도와 지체 | Chapter 2. 불완전한 혼합인 교회

> Study
> Guide

내용 이해를 위한 토의

1. 교회 안에는 신자와 불신자가 혼합되어 있습니다.
   - 교회 안에 신자와 불신자가 섞여 있음을 보여주는 성경 구절을 찾아 읽어봅시다.
   - 하나님께서 노아의 방주에 불결한 짐승까지 태운 이유는 무엇입니까?
   - 교회의 불완전함을 남겨두신 하나님의 경륜으로 인해 신자가 누리는 유익은 무엇입니까?
   - 보편 교회가 불신자에 의해 거룩함을 잃지 않는 이유는 무엇이며, 그럼에도 불구하고 지상 교회에 불신자가 있음으로써 겪게 되는 불이익은 무엇입니까?

2. 토투스 크리스투스 교리의 의미는 무엇입니까?

3. 토투스 크리스투스 교리가 성경적이라고 믿는 근거는 무엇입니까?

적용과 실천을 위한 나눔

1. 예수 그리스도께서는 예수님을 믿는 사람들만 사랑하시지 않습니다. 그분은 아직 그리스도를 모르는 사람들까지 사랑하십니다(요 10:16). 교회 안에 있으나 아직 믿음이 없거나 부족한 사람들, 또는 교회 생활에 대한 예의가 부족하다고 여겨지는 사람들을 향한 당신의 시선은 어떠합니까? 혹시 그들을 낮게 보고 있지는 않은지 돌아보며 어떻게 그들을 섬길 수 있을지 나누어봅시다.

2. 보이는 교회가 어려움을 당할 때 처음에는 교회를 염려합니다. 그러다가 교회를 아프게 한 사람들이 보이기 시작합니다. 그러면 그들에 대한 미움과 복수심, 분노가 신자 안에 자리 잡습니다. 이 지점에서 한때 교회를 사랑했던 많은 사람들이 무너졌습니다. 혹시 당신에게는 이런 경험이 없습니까? 보이는 사람들이 미워지기 시작할 때 어떻게 우리의 마음을 지킬 수 있을지 나누어봅시다.

제6장
교회와 사랑의 확장
ecclesia et extensio caritatis

교회의 진정한 영광은 교세의 확장이 아닙니다. 신자의 마음 안에서 지순의 사랑이 확장되는 데 있습니다. 지순의 사랑으로 신자는 아름다워지고, 그러한 신자가 많이 모일 때 교회도 아름답습니다. 그렇게 드러나는 교회의 아름다움을 통해서 그리스도의 아름다움이 이 세상에 드러납니다.

Chapter 1
교회의 아름다움

교회의 아름다움

교회의 최고의 섬김은 참된 교회로 존재하는 것입니다. 이는 신자의 최고의 섬김이 진실한 신자가 되는 것과 같습니다. 하나님께서 세우시려고 했던 그 교회가 될 때 교회는 참으로 아름답습니다. 교회의 아름다움은 다음의 세 가지로 나누어 설명할 수 있습니다.

그리스도의 아름다움

첫째로, 교회는 그리스도의 아름다움을 드러냄으로써 아름답습니다. 그리스도는 교회의 아름다움의 근거입니다. 또한 신자로 하여금 교회를 사랑하게 하는 원인입니다.

그리스도는 완전한 하나님이실 뿐 아니라 지극히 높으신 분입니다. 그로 인해 무한히 아름다우십니다.

"하나님이 그를 지극히 높여 모든 이름 위에 뛰어난 이름을 주사

하늘에 있는 자들과 땅에 있는 자들과 땅 아래에 있는 자들로 모든 무릎을 예수의 이름에 꿇게 하시고 모든 입으로 예수 그리스도를 주라 시인하여 하나님 아버지께 영광을 돌리게 하셨느니라"(빌 2:9~11).

그리스도의 아름다움은 다른 두 위격의 아름다움을 배제하는 것이 아니기 때문에 우리는 교회의 머리 되신 그리스도의 아름다움을 통해서 삼위 하나님의 아름다움을 봅니다(시 8:1). 그 아름다움을 발견하는 사람들마다 그리스도를 사랑하게 되고, 교회가 그리스도의 아름다움에 감격하는 신자로 가득할 때 삼위 하나님을 향한 사랑이 교회에 가득하게 됩니다. 그로 인해 하나님께서는 영광을 받으십니다.

신자의 아름다움

둘째로, 또한 교회는 신자의 아름다움을 드러냄으로써 아름답습니다. 그리스도의 아름다움은 삼위 하나님의 아름다움이므로 누구에게 덕을 입은 것이 아닙니다. 하지만 신자의 아름다움은 그가 그리스도께 연합되어 있기 때문에 갖게 된 것입니다. 따라서 신자의 아름다움은 아름다움의 원천인 그리스도의 아름다움을 드러냄으로써 이루어집니다. 마치 달이 스스로는 빛을 내지 못하나 태양의 빛을 받아 빛나는 것과 같이 말입니다.

신자가 바라보는 아름다움의 최종 지점은 예수 그리스도이십니다. 그리스도는 완전하신 하나님의 형상입니다(골 1:15). 하나님께서 우리를 구원하신 것은 그리스도를 본받게 하기 위함입니다(롬 8:29). 하나님의 형상인 그리스도를 본받는 것은 죄로 인해 파괴된 하나님의 형상을 우리 안에 온전하게 회복하는 과정입니다. 신자 각 사람은 끊임없이 자신의 아름다움의 근원이 되시는 그리스도를 바라봄으로써 자기 안에 그리스도의 형상을 온전히 이루어야 합니다. 이로써 신자 자신도 아름다워집니다. 사도 바울이 신자를 "그리스도의 향기"요, "편지"라고 부른 것은 바로 이 때문입니다(고후 2:15, 3:3).

연합의 아름다움

셋째로, 교회는 신자가 연합하는 아름다움을 드러냄으로써 아름답습니다. 신자 한 사람 한 사람도 아름답지만, 신자들이 영적으로 연합을 이룬 가운데 살아가는 모습은 더욱 아름답습니다. 이에 대해서 성경은 이렇게 말합니다.

"보라 형제가 연합하여 동거함이 어찌 그리 선하고 아름다운고 머리에 있는 보배로운 기름이 수염 곧 아론의 수염에 흘러서 그의 옷깃까지 내림 같고 헐몬의 이슬이 시온의 산들에 내림 같도다 거기서 여호와께서 복을 명령하셨나니 곧 영생이로다"(시 133:1~3).

신자는 자신의 존재와 작용에 만족하며 거기에 머무르기를 기뻐해야 합니다. 그때 하나님께서 주시는 은혜와 은사를 따라 자신의 고유한 섬김을 감당하게 됩니다. 신자의 이러한 섬김은 하모니를 이루어 교회의 아름다움을 드러냅니다. 신자는 각각 고유한 자리에서 다양한 직분으로 섬기며, 자신에게 맡겨진 일을 사랑 가운데 행할 때 이러한 연합의 아름다움에 기여하게 됩니다(고전 12:28, 엡 4:10~12).

교회의 아름다움의 일부로서 신자의 아름다움

이 세상 사람들의 입장에서 볼 때 교회의 아름다움은 그 교회를 구성하고 있는 신자 개개인의 아름다움입니다. 그들의 눈에 보이는 것은 신자이기 때문입니다. 교회의 아름다움의 일부로서 신자의 아름다움을 논할 때 다음 사항을 기억해야 합니다.

아름다운 신자가 누구인가?

아름다운 신자는 영혼이 아름다운 사람입니다. 모든 사람은 자신의 이익에 따라 자신의 관점으로 아름다움을 판단합니다. 그러나 이러한 관점은 하나님의 관점으로 돌아와야 합니다. 사람의 지위나 소유, 외모의 아름다움은 모두 존재의 한 양식에 지나지 않습니다(삼상 16:7). 오직 영혼의 아름다움만이 인간 존재의 본질적 가치와 관계됩니다. 그래서 아름다운 신자는 하나님께서 보시기에 아름다운 영혼을 가진 사람입니다. 그런 사람이 하나님의 마음에 합한 사람입니다(행 13:22). 결국 한 인간의 가치는 영혼의 아름다움이고, 영혼의 가치는 그가 가진 선한 의지의 크기에 달려 있습니다.

넓은 의미에서 보면, 모든 인간은 하나님의 아름다움을 지니고 있으므로 사랑받을 만합니다. 그러나 좁은 의미에서 보면, 인간은 죄와 악의 영향으로 창조 시의 아름다움을 잃어버렸습니다. 자신의 힘으로는 그 아름다움을 회복할 수 없었습니다(렘 13:23). 그리스도께서 십자가의 구속으로 우리를 구원해주신 것은 잃어버린 그 아름다움을 회복하게 하시기 위함이었습니다.

그러나 중생과 한 번의 회심으로 그 아름다움이 완전히, 불변하도록 회복된 것은 아닙니다. 우리 안에는 여전히 죄성이 남아 있어서 영혼의 아름다움을 위협합니다. 그래서 신자는 끊임없이 말씀과 성령으로 감화받아야 합니다. 그때 그의 아름다움은 유지되고 확장됩니다.

아름다운 영혼, 순결한 사랑

아름다운 영혼은 신자의 마음 안에서 순결한 사랑으로 나타납니다. 사랑에서 순결은 아무것도 사랑하지 않는 것이 아닙니다. 오히려 사랑할 가치가 있는 궁극적인 한 대상을 향한 사랑으로 온 마음이 가득 찬 상태를 말합니다(아 4:12). 따라서 영혼의 아름다움은 하나님의 사랑으로 가득 찬 아름다움입니다.

신자는 끊임없이 순결해지기를 사모해야 합니다. 곧 궁극적인 사랑의 대상이신 하나님만을 즐거워하고 그분 안에서 행복을 누리기를 바라야 합니다. 그 아름다움 안에서 신자의 영혼은 전일성을 회복하여 창조의 목적에 따라 살고자 하는 힘과 경향성으로 가득하게 됩니다. 그 영혼의 힘과 경향성은 하나님의 은혜이므로 자기 사랑을 삶의 동기로 하지 않습니다. 그는 오직 유일한 사랑의 대상인 하나님을 향해 전적으로 순종할 준비가 되어 있고, 진리이신 그리스도께 자기를 합치시키고자 갈망합니다(빌 3:10~11). 그로 인해 자신이 그리스도의 몸의 지체가 된 것을 한없이 즐거워합니다. 그리고 사랑으로 섬겨야 할 대상을 위해 봉사합니다. 이것은 오직 하나님을 향한 지순의 사랑으로 가능한 일입니다.

그 아름다움의 나타남, 마음에 달림

교회의 아름다움은 신자 각 사람의 영혼의 아름다움에 달려 있습니다. 신자의 영혼의 아름다움은 그의 마음 안에서 나타난 하나님을 향한 사랑으로 가늠할 수 있습니다. 교회의 아름다움을 말할 때 신자의 영혼과 마음에 대한 가르침이 강조되어야 하는 이유가 여기에 있습니다.

신자 안에 있는 사랑은 실재적으로는 영혼 안에, 기능적으로는 애성 안에, 작용적으로는 마음 안에 있습니다. 이러한 사실을 자세히 살펴보면 다음과 같습니다.

실재(實在) : 영혼 안에

첫째로, 사랑은 실재적으로는 영혼 안에 존재합니다. 영혼은 비물질적 실체입니다. 영혼은 공간 안에 크기를 가지고 있어서 테두리를 정할 수 있는 한정적 존재이지만 부피와 색, 모양이 있어서 눈으로 볼 수 있는 것은 아닙니다. 또한 영혼은 존재의 시작점은 있지만 끝은 없습니다. 하나님의 덕을 입어 불멸하도록 창조되었습니다(마 10:28).

기능(機能) : 애성 안에

둘째로, 사랑은 기능적으로 애성 안에 있습니다. 영혼에는 사물을 아는 것과 관련된 지성(知性)과 사랑하는 것과 관련된 애성(愛性)의 기능이 있습니다. 그리고 애성은 사랑의 능력과 사랑 자체로 이루어져 있습니다.

영혼의 애성 안에 있는 사랑은, 인간이 마땅히 사랑해야 할 대상인 하나님과 인간에 대한 사랑이었습니다. 하지만 타락 후에는 그렇지 않습니다. 타락한 인간은 하나님을 향한 지순의 사랑이 아니라 자기 사랑으로 가득한 채 태어납니다. 자기를 사랑하도록 가르쳐주지 않아도 인간은 본성적으로 자기를 사랑합니다. 성경은 이것을 '악'이라고 부릅니다(창 8:21).

거듭나기 전의 인간은 자기 사랑으로 가득 차 있습니다. 그러나 예수 그리스도를 만나 회심하면 인생의 중심축이 자기에게서 하나님에게로 옮겨지게 됩니다. 하나님을 향한 사랑이 그의 영혼 안에 심겨지면서 사랑으로 충만해지는 것입니다. 그때 그의 영혼은 아름다워집니다. 이러한 영혼은 그 안에서 모든 힘과 경향성이 선하게 질서 지워져 있기 때문입니다.

작용(作用) : 마음 안에

셋째로, 사랑은 작용적으로 마음 안에 있습니다. 인간의 사랑은 실재적으로는 영혼 안에, 기능적으로는 영혼의 애성 안에 존재합니다. 그러나 실제로 사랑이 작용하는 곳은 인간의 마음입니다(잠 3:1, 7:3).

인간은 영혼과 육체로 이루어져 있는데, 이 둘이 만나는 곳이 마음입니다. 그래서 성경은 죄인에게 영혼을 돌이키라고 말하지 않고 마음을 돌이키라고 촉구합니다(겔 14:6). 그러나 마음은 실재가 아니라 영혼의 기능입니다. 빛이 비출 때 빛은 실재이지만 사물을 보이게 하는 것은 기능이듯이, 마음은 영혼의 기능입니다.

영혼과 육체의 경향성은 마음을 움직이고, 움직여진 마음의 상태는 영혼과 육체에 다시 영향을 줍니다. 육체는 영혼을 직접 감지하지 않습니다. 영혼의 상태가 투영된 마음을 통해 영혼이 어떠한지를 알게 됩니다. 영혼의 상태는 마음에 영향을 주고, 그 마음은 행동으로 표출됩니다. 그래서 영혼의 아름다움과 마음의 아름다움, 삶의 아름다움은 언제나 일치를 이룹니다. 따라서 사물에 대해 감각하고 인식하고 느끼고 판단하고 결정하는 마음의 작용을 통해 영혼의 상태가 어떠한지가 드러납니다.

영혼의 경향성은 마음의 성향으로 반영되고, 마음의 작용은 영혼의 경향성에 영향을 미칩니다. 그래서 신자는 끊임없이 자신의 마음을 청결하게 해야 합니다(마 5:8). 아름다운 마음이 영혼의 올바른 경향성을 충분히 사용하여, 영혼의 아름다움을 실제의 생각과 행동 속에서 작용하게 해야 합니다.

성경은 마음의 중요성을 강조합니다. 마음은 인간이 지켜야 할 중요한 것으로 생명의 근원이라고 말합니다(잠 4:23). 우리의 마음에서 많은 악과 다툼이 나옵니다(잠 6:14). 인간의 가치도 마음이 어떠하냐에 따라 판단됩니다(잠 10:20). 신자는 마음을 사용하여 하나님을 대적하기도 하고, 사랑으로 섬기기도 합니다(엡 6:7). 신자의 죄와 사랑 모두 마음 안에 있습니다(막 7:21, 행 2:46). 그래서 성경은 여러 곳에서 신자의 마음은 사랑이 거하는 자리이며 또한 욕망이 거하는 자리라고 가르칩니다(마 5:8, 눅 24:32).

인간은 자신의 마음에 대해 책임이 있습니다(마 6:21, 행 5:3~4). 특히 악을 행할 때 성경은 그 마음의 움직임이 인간의 의지 안에 있음을 지적합니다(막 7:21~23). 심지어 신자 안에서 역사하시는 하나님의 은혜도 인간의 의지를 거슬러서(against), 의지 없이(without) 작용하지 않습니다. 의지 안에서(in), 의지와 함께(with) 역사합니다(빌 2:13).[1]

그러나 인간이 악을 행할 때에는 자신의 악함 때문에 죄를 짓는 것입니다. 이에 비하여 선을 행하는 것은 인간 본성의 죄를 억제하고 선을 행하도록 격려하시는 하나님의 은혜 때문입니다. 그래서 인간은 자신이 지은 죄에 대해 하나님께 책임을 돌릴 수 없고, 자신이 행한 선에 대해 공로를 자랑할 수 없습니다.

맺는말

인간 존재의 아름다움은 영혼의 아름다움입니다. 영혼의 아름다움은 신자의 마음을 통해서 드러납니다. 그래서 신자에게 자신의

---

[1] "He works upon our understandings, wills, consciences, and affections, agreeably to their own natures; he works *in us* and *with us*, not *against us* or *without us*…" John Owen, *Of the Mortification of sin in Believers*, in *The Works of John Owen*, vol. 6, ed. William H. Goold (Edinburgh: The Banner of Truth Trust, 1991), 20.

마음을 지키는 노력은 말할 수 없이 중요한 일입니다(잠 4:23, 16:32).

그러나 신자의 마음과 영혼의 작용은 홀로 거하는 수도사적 생활에서 입증되지 않습니다. 외적인 복종과 외식적인 의무 등을 통해서 입증되는 것도 아닙니다(마 6:16, 23:23).

신자는 공동체와 함께 부대끼면서 자신의 마음 안에 무엇이 있는지를 발견합니다(롬 7:21). 교회 안에서 끊임없이 다른 지체와 부딪히면서 미처 알지 못하던 자신의 영혼과 마음의 성향을 발견하게 됩니다. 하나님께서 신자를 교회 공동체 안에서 살게 하신 것은 한편으로는 교회의 목양을 통해 사랑과 지식 안에서 온전한 신자로 자라가게 하고, 다른 한편으로는 신자의 공동생활 속에서 자기 영혼의 상태와 마음이 어떠한지를 알게 하기 위함입니다(잠 23:7, 행 8:21). 교회는 그 자체가 가지고 있는 불완전하고 혼합적인 성격 때문에 신자에게 고통을 주기도 하지만, 신자는 이러한 고통 속에서 자신의 영혼과 마음이 어떠한지를 더욱 분명히 깨닫게 됩니다.

그래서 교회의 아름다움은 교세의 크기에 있지 않습니다. 오히려 하나님과 교회가 어떤 관계를 맺고 있느냐에 달렸습니다. 그러므로 교회는 신자의 영혼을 아름답게 하기 위해 힘써야 합니다. 이를 위해 진리를 가르쳐야 합니다. 신자의 아름다움은 진리이신 그리스도가 드러난 아름다움이기 때문입니다. 참된 진리가 교회 안에서 가르쳐지고 세상을 향해 선포되는 것은 양보할 수 없는 교회의 사명입니다(딤후 4:2).

제6장 교회와 사랑의 확장 | Chapter 1. 교회의 아름다움

Study Guide

내용 이해를 위한 토의

1. 교회의 아름다움을 이루는 세 가지 요소는 무엇입니까?
   - 교회의 아름다움의 근거이며, 신자로 하여금 교회를 사랑하게 하는 것은 무엇입니까?
   - 신자의 영혼이 아름다워지는 방법은 무엇입니까?
   - 신자의 연합의 아름다움을 드러내기 위해 신자에게 요구되는 삶은 무엇입니까?

2. 신자는 교회의 아름다움의 일부입니다.
   - 이 세상 사람들에게 교회의 아름다움은 누구를 통해서 드러납니까?
   - 아름다운 신자는 어떤 사람입니까?
   - 아름다운 영혼의 특징은 무엇입니까?

3. 사랑이 마음 안에서 작용한다는 사실은 우리에게 어떤 도전을 줍니까?

4. 신자의 영혼이 어떠한지는 공동체 안에서 가장 잘 드러납니다. 영혼을 아름답게 하기 위해 교회가 해야 할 일은 무엇이며, 신자가 해야 할 것은 무엇입니까?

적용과 실천을 위한 나눔

1. 하나님께서는 사람의 외면보다 내면을 중요하게 생각하십니다. 한 인간의 아름다움은 영혼의 아름다움이고, 영혼의 가치는 그가 지닌 선한 의지의 크기에 달려 있기 때문입니다. 우리도 하나님처럼 사람들의 내면의 아름다움을 외면보다 더 중요하게 생각하고 있습니까? 다른 사람들을 대할 때 어떠한 편견으로, 무엇을 중요하게 생각하며 대했는지 자신을 돌아봅시다.

2. 마음은 인간이 지켜야 할 가장 중요한 것으로 생명의 근원이기도 하지만 거기로부터 수많은 악이 쏟아져 나오기도 합니다. 당신이 이번 주에 가장 많이 한 생각은 무엇입니까? 무엇이 당신의 마음을 가장 많이 붙들고 있었는지 나누어봅시다.

Chapter 2

사랑 안에서 자라감

교회의 확장은 사랑의 확장이다

신자의 영적 성장은 그리스도의 아름다움을 인식하고 그분을 사랑하는 것에서 이루어집니다. 사랑은 모든 영적 성장의 최종적 열매입니다. 이것을 제외하고는 신자의 영적 성장을 말할 수 없습니다.
"오직 사랑 안에서 참된 것을 하여 범사에 그에게까지 자랄지라 그는 머리니 곧 그리스도라"(엡 4:15).
교회는 이 사랑으로 확장되어야 합니다. 교회의 진정한 확장은 지상 교회의 수적 증가나 건물의 확장이 아닙니다. 오히려 사랑의 교제가 확장되는 것입니다. 하나님의 사랑이야말로 하나님께서 당신의 나라를 다스리시는 가장 탁월한 방편입니다. 하나님께서 불순종과 죄로 가득한 세상에서 어떻게 당신의 통치를 이루시는지 생각해보십시오. 하나님께서는 신자의 영혼 안에 있는 모든 부패한 본성을 사랑으로 변화시키십니다. 그 영혼이 하나님을 향한 사랑으로 가득 차게 하심으로써 인간을 창조하신 하나님의 목적을 신자의 마음 안에 심으십니다. 그리하여 그리스도께서는 교회 안에서 은혜로 당신의 통치를 온전히 이루십니다.

이러한 통치는 세상으로 확장되어야 합니다. 따라서 교회는 더 많은 사람이 하나님을 사랑하며, 하나님의 통치에 순종하게 해야 합니다. 교회가 이 일을 기쁨으로 감당할 때 교회의 확장은 의미가 있습니다.

교회의 사명

교회의 사명은, 안으로는 삼위 하나님과 아름다운 교제를 이루고 지체들이 서로 사랑으로 연합하는 것입니다. 또한, 밖으로는 이 세상 사람들도 하나님을 경배함으로써 참다운 인간의 행복을 누리게 하는 것입니다. 이로써 교회는 구속 계획의 성취를 통해 창조의 목적을 이루게 됩니다(엡 1:23).

그리스도의 구속으로 세워진 교회는 세계의 재창조를 완성하기 위해 존재합니다. 예수 그리스도께서는 우리에게 이미 이루어진 하나님 나라와 앞으로 이루어질 하나님 나라 사이에서 어떠한 긴장으로, 어떻게 자기를 희생하며 하나님과 교회와 이웃을 섬겨야 하는지를 당신의 인격과 삶으로 보여주셨습니다.

"너희 중에 누구든지 크고자 하는 자는 너희를 섬기는 자가 되고 너희 중에 누구든지 으뜸이 되고자 하는 자는 모든 사람의 종이 되어야 하리라 인자가 온 것은 섬김을 받으려 함이 아니라 도리어 섬기려 하고 자기 목숨을 많은 사람의 대속물로 주려 함이니라"(막 10:43~45).

그리스도로 시작된 재창조의 역사는 교회의 헌신을 통해 시간과 공간 안에서 전개됩니다. 그럼으로써 교회와 세계는 창조 시의 선한 상태를 회복할 뿐만 아니라 더 큰 영광으로 나아갑니다. 이를 위하여 신자들은 하늘 생명과 사랑을 공급받아야 합니다. 매일의 삶 속에서 끊임없이 자신의 마음과 삶을 그리스도께 합치시켜야 합니다. 그리스도의 형상을 닮기까지 그분을 사랑하고 순종해야 합니다. 이것을 통하여 교회는 하나님의 사랑을 이 세상에서 확장할 수 있습니다.

사랑의 정화(淨化)와 풍성함 그리고 확장

하나님께서는 인간에게 사랑할 수 있는 능력을 주셨습니다. 첫 조상의 타락을 통해 바뀐 것은 사랑의 크기가 아니라 방향이었습니다. 하나님을 향하던 사랑이 자기를 향하게 된 것입니다. 이는 곧 하나님께서 계셔야 할 선악 판단의 기준 자리에 인간이 서 있는 것입니다. 그러므로 문제는 사랑의 능력을 어떻게 극대화하느냐만이 아니라 그것을 어떻게 오로지 하나님을 향하게 하느냐입니다.

그래서 신자의 사랑은 정화되어야 합니다. 사랑 안에서 자라간다는 것은 결국 인간 본성의 사랑이 하나님을 향해 정화되어 간다는 의미입니다. 신자의 사랑은 정화될 필요가 있습니다. 하나님을 사랑하는 마음이 은혜에서 멀어져 힘과 경향성이 그릇된 방향으로 나아가려고 하기 때문입니다.

사랑의 정화는 영혼의 정화와 밀접한 관계가 있습니다. 끊임없는 참회와 자기 깨어짐을 통해 마음이 정결하게 될수록 마음 안에 있는 사랑도 순결해집니다. 이러한 마음의 변화와 쇄신은 그의 영혼을 더욱 깨끗하게 합니다.

영혼의 정화는 영적이고 정신적인 것입니다. 영혼이 실재이기는 하나 물리적 실재가 아니라 영적 실재이기 때문입니다. 따라서 영혼의 정화는 영혼 안에 있는 하나님의 창조 목적에 부합하지 않는 이질적인 힘과 경향성이 제거되고(신 10:16, 30:6, 렘 9:26), 그리스도를 향한 사랑으로 가득 찬 상태입니다.

이러한 사랑은 점점 더 풍성해져야 합니다. 사랑의 풍성함이란 하나님 이외에 다른 것들을 사랑하는 마음이 점점 빠져나가 하나님만을 사랑하는 은혜의 성향이 마음에 가득 찬 상태를 말합니다. 그때 그는 먹든지, 마시든지, 무엇을 하든지 하나님께서 기뻐하시는 대로 자기 자신을 봉헌할 수 있게 됩니다(고전 10:31).

그 사랑이 풍성할 때 신자는 고난이 와도 견딜 수 있습니다. 하늘 사랑은 곧 생명이고, 생명은 그를 참사람답게 살게 하는 힘이기 때문입니다. 그래서 그는 어떠한 환경에 처하더라도 신자답게 살아갑니다. 사랑의 풍성함에는 이런 놀라운 힘이 있습니다. 사도 바울의 간절한 소원도 다음과 같았습니다.

"내가 기도하노라 너희 사랑을 지식과 모든 총명으로 점점 더 풍성하게 하사"(빌 1:9).

온 마음으로 사랑함

교회는 하나님의 사랑이 완성되어가는 곳입니다. 하나님께서는 사랑이 부족한 자들에게 진리와 은혜를 베풀어 점점 더 온전한 사랑으로 나아가게 하십니다. 진실로 교회는 하나님의 사랑을 확장함으로써 이 땅에서 자신의 사명을 온전히 이루게 됩니다. 그리고 이것은 결국 신자 개개인의 마음 안에 이루어지는 사랑의 확장을 뜻합니다. 사랑의 확장을 자세히 살펴보면 다음과 같습니다.

하나님을 향하여 : 진리에 대한 응답

첫째로, 하나님을 향한 신자의 사랑이 확장되어야 합니다(빌 1:9). 하나님의 사랑, 하나님을 향한 사랑을 빼놓고는 신자의 존재에 대해 말할 수 없습니다. 신자는 하나님의 사랑 때문에 신자가 되고, 그 사랑을 소유함으로써 참된 신자가 되며, 마지막 날 그 사랑 안에서 완성을 이룰 것이기 때문입니다.

신앙생활의 요체는 하나님 안에 있는 사랑과 지혜를 깨닫는 것입니다. 인간의 참된 행복은 그 지혜를 깨닫고 그 사랑을 본받아 사는 데 있습니다. 즉 사랑 안에서 하나님의 지혜를 따라 창조의 목적대로 사는 삶에 있습니다.

하나님께서는 당신의 지혜를 진리를 통해 알려주십니다. 그리고 진리의 말씀을 통해 하나님의 지혜를 깨달은 자는 하나님의 아름다움을 봅니다. 삼위 하나님의 모든 아름다움은 오직 진리를 통해서 알려집니다. 그 아름다움을 본 자마다 하나님을 사랑하게 됩니다. 그러므로 하나님을 향한 신자의 사랑은 삼위의 아름다움에 대해 증거하는 진리에 대한 응답이라고 말할 수 있습니다.

그런데 진리를 통해 지혜를 얻고 하나님을 더 깊이 사랑하게 된 신자는 여기에서 한 걸음 더 나아갑니다. 그는 진리에 자신을 합치시킵니다. 그럼으로써 참으로 진리를 소유한 사람이 됩니다. 이것이 하나님을 사랑하는 신자의 삶에 맺히는 열매입니다.

사람들을 향하여 : 용서와 나눔

둘째로, 사람들을 향한 신자의 사랑이 확장되어야 합니다. 진리를 통해 하나님 안에 있는 아름다움을 발견하고 그분을 사랑하게 된 신자는 사람들을 사랑합니다.

신자가 사랑해야 하는 대상에는 교회의 지체뿐만 아니라 교회에서 찢겨나간 형제와 자매도 포함됩니다. 이단에 빠진 사람들은 한두 번 권고한 후 관계를 끊어야 합니다(딛 3:10). 때로는 도덕적인 이유에서 출교를 당한 사람들에게도 그렇게 해야 합니다. 그릇된 교훈을 좇아 분리된 경우, 그들의 그릇된 교훈을 받아들이는 것은 금지되어 있으나 그들을 사랑으로 끝까지 불쌍히 여기는 것은 그리스도께서 보여주신 모본입니다(요 13:1).

또한 신자는 교회에 속하지 않은 세상 사람도 사랑해야 합니다. 그들에게도 도움과 헌신을 베풂으로써 하나님의 사랑을 알게 해야 합니다. 그리하여 모든 인류를 사랑하시고 그들과 사랑으로 교통하고 싶어 하시는 하나님을 보여줄 수 있어야 합니다.

우리가 베풀어야 하는 사랑은 많이 가진 자가 남에게 적선하듯 거만하게 베푸는 사랑이 아닙니다. 오히려 그리스도께서 이 세상에 오기까지 낮아지신 그 사랑입니다. 거기에는 항상 자기희생이 동반됩니다. 타인을 향한 섬김은 용서와 나눔으로 나누어 구체적으로 살펴볼 수 있습니다.

용서

먼저 용서입니다. 용서(venia)는 자신에게 악을 행하거나 잘못한 사람들의 책임을 면제해주는 것입니다. 그러나 진정한 용서는 거기에서 한 걸음 더 나아갑니다(엡 4:32).

용서는 소극적으로는 자기가 입은 손해에 대해 보복하지 않는 것이지만, 적극적으로는 그들과 다시 사랑의 관계를 새롭게 하는 것입니다(골 3:13~14). 그래서 용서는 자신이 입은 손해와 고통보다는 자신의 용서를 통해 새롭게 이루어질 그들과의 관계의 복을 바라봅니다.

사람을 용서하려면 언제나 희생과 인내가 필요합니다(엡 4:2). 용서할 수 없는 사람을 용서하는 것은 자신은 죽고 그 사람을 살게 하는 것과 같습니다. 신자가 하나님에 대한 사랑을 가장 분명하게 입증하는 때가 바로 자신이 사랑하던 자아를 죽일 때입니다. 이는 곧 나를 위해 생명을 버리신 그리스도의 희생을 생각하여 하나님께서 원하시지 않는 질서를 사랑하고 그것에 집착하며 안주하려는 자신을 죽이는 것입니다(골 1:24). 그리스도께서는 우리에게 말씀하셨습니다.

"나는 너희에게 이르노니 너희 원수를 사랑하며 너희를 박해하는 자를 위하여 기도하라 이같이 한즉 하늘에 계신 너희 아버지의 아들이 되리니……"(마 5:44~45).

예수 그리스도께서는 십자가에서 죽으실 때 이 가르침을 몸소 실천하셨습니다.

"……아버지 저들을 사하여 주옵소서 자기들이 하는 것을 알지 못함이니이다……"(눅 23:34).

스데반 집사의 마지막도 예수 그리스도의 말씀을 온 몸으로 실천한 것입니다.

"무릎을 꿇고 크게 불러 이르되 주여 이 죄를 그들에게 돌리지 마옵소서 이 말을 하고 자니라"(행 7:60).

용서는 예수 그리스도의 성육신의 정신을 세상에서 실현하는 훈련이 됩니다. 신자는 지체를 통해 죄를 용서받는 것과 자기에게 죄 지은 사람들을 용서해줌으로써 사랑의 교통을 입증합니다. 신자는 지체를 용서함으로써 자기 안에 있는 하나님의 사랑을 봅니다. 그리고 이로써 자신이 공동체적으로 결속된 영적 가족이라는 사실을 경험하게 됩니다.

그러나 용서는 교회 안의 지체와만 누리는 것이 아닙니다. 신자는 마땅히 교회 밖의 이웃을 향해서도 용서의 은혜를 베풀어야 합니다. 그들을 더 많이 이해하려고 하고, 그들을 위해 더 손해 보아도 괜찮다는 자세를 가져야 합니다(고전 6:7). 그리스도께서 참으신 것처럼 참으며 견뎌야 합니다(딤전 1:16, 벧후 3:15). 그리스도께서 사랑하신 것처럼 사랑하면서 말입니다. 그러한 삶이 모여 그는 결국 하나님의 자녀답게 되어갈 것입니다.

"너희가 너희를 사랑하는 자를 사랑하면 무슨 상이 있으리요 세리도 이같이 아니하느냐 또 너희가 너희 형제에게만 문안하면 남보다 더하는 것이 무엇이냐 이방인들도 이같이 아니하느냐 그러므로 하늘에 계신 너희 아버지의 온전하심과 같이 너희도 온전하라"(마 5:46~48).

나눔

또한 나눔(Sharing)입니다. 신자 안에 있는 사랑은 그 자체가 교통적 사랑이기 때문에 무엇이든지 자신에게 있는 좋은 것을 사랑의 대상들과 나누고자 합니다. 이 나눔은 두 지평으로 이루어지는데, 그리스도의 몸인 교회 공동체와 교회 밖에 있는 세상 사람들입니다.

이 나눔은 창조 시 만물 사이에 존재하던 상호 연관의 모형이기도 합니다. 하나님께서 창조하신 세상의 모든 피조물은 서로에게 존재를 의존하며 각각 고유한 작용으로 다른 사물들의 존재와 작용을 돕도록 창조되었습니다. 이것은 죄로 인해 깨어졌지만 그리스도의 구속을 통해 회복을 이루고 있습니다. 그리고 마지막 날에 완전하게 회복될 것입니다(롬 8:19). 이러한 상호 작용은 교회 안에서 미리 경험되는데, 이것이 바로 그리스도의 몸인 지체 사이에서 실현되는 나눔입니다.

나눔은 세상 사람들도 합니다. 하지만 그들의 나눔은 본성의 빛 안에서 이루어지는 양심의 기능입니다. 이에 비하여 교회 안에서 이루어지는 신자의 나눔은 지체 간의 사랑의 연합의 산물입니다(행 2:44, 4:32).

따라서 교회 안에서 이루어지는 나눔은 하나님을 향한 사랑의 나타남입니다. 이러한 나눔의 정신은 교회의 울타리를 넘어 세상으로도 확장되어야 합니다.

나눔은 유한한 지상 자원뿐 아니라 영적 자원을 서로 나누어 가져 그리스도의 몸인 교회의 어느 지체도 부족한 것이 없도록 돕는 것입니다. 그리하여 교회와 신자가 자신의 존재 목적을 실현하며 살도록 섬깁니다(행 4:33~35). 그리스도께서 교회의 질서를 세우심도 각 신자에게 주어지는 지상과 하늘의 자원을 골고루 나누어 가지게 합니다. 어느 한 지체도 절대적인 부족으로 인하여 그리스도의 몸을 세우지 못하는 일이 없도록 하신 것입니다. 사도 바울은 말합니다.

"그가 어떤 사람은 사도로, 어떤 사람은 선지자로, 어떤 사람은 복음 전하는 자로, 어떤 사람은 목사와 교사로 삼으셨으니 이는 성도를 온전하게 하여 봉사의 일을 하게 하며 그리스도의 몸을 세우려 하심이라 우리가 다 하나님의 아들을 믿는 것과 아는 일에 하나가 되어 온전한 사람을 이루어 그리스도의 장성한 분량이 충만한 데까지 이르리니"(엡 4:11~13).

자신의 존재와 작용에 요구되는 것 이상의 자원을 소유하고자 하는 것은 탐욕입니다. 그것은 나눔의 정신에 어긋나는 것입니다. 나눔을 가로막는 것은 자원의 부족이 아니라 자신의 것을 자기 혼자만 누리려는 욕심입니다.

신자는 마땅히 하나님께서 주신 모든 것을 자신만의 것이라 생각하지 말고 선한 청지기로서의 삶을 살아가야 합니다(벧전 4:10). 그래서 하나님께서 자신에게 많은 물질, 시간, 재능, 건강 등을 주셨으면 그 이유가 무엇인지 생각해야 합니다. 그것들을 자신만을 위해서 사용하지 말고 다른 사람들과 나눔으로써 하나님의 나라를 이루는 데 이바지해야 합니다.

맺는말

신자는 사랑의 사람입니다. 사랑이신 하나님께서 그를 부르셨을 뿐 아니라 하나님을 사랑하도록 부름받은 존재입니다. 이 사랑은 하나님의 사랑으로 말미암아 그리스도를 통해 성령 안에서 받은 하늘 사랑입니다. 그래서 그는 자신이 받은 사랑에 대해 감격하며 사랑이신 그리스도를 바라봅니다. 그분을 바라봄으로써 그도 그리스도를 닮은 사랑의 사람이 되어갑니다.

하나님을 향한 사랑은 그로 하여금 다른 사람들을 사랑하게 합니다. 사람들 때문에 그렇게 하는 것이 아니라 자기 안에 계신 예수 그리스도 때문에 그러한 삶을 살아갑니다.

"새 계명을 너희에게 주노니 서로 사랑하라 내가 너희를 사랑한 것 같이 너희도 서로 사랑하라 너희가 서로 사랑하면 이로써 모든 사람이 너희가 내 제자인 줄 알리라"(요 13:34~35).

그래서 그의 사랑은 교회에 있고, 그의 생명도 교회에 있으며, 그의 자원의 공급도 교회에 있습니다. 교회는 그리스도의 신부로서 그것들을 그리스도를 통하여 받고, 교회의 지체 된 자들에게 나누어줍니다. 그는 교회를 통하여 사랑을 배우며, 지체에게 자신의 죄를 용서받고 또 자기에게 잘못한 사람들의 죄를 용서해줌으로써 용서하시는 하나님의 성품을 배웁니다. 그리고 다른 사람들을 위해 지상과 천상의 자원을 나누는 법을 배웁니다.

또한 신자는 교회의 경륜 안에서 자신의 인생을 봅니다. 자신의 존재 목적을 교회의 그것에 일치시킴으로써 하나님의 창조의 목적에 기여합니다. 그것을 교회와 함께 이루어갑니다.

그에게 소망이 있다면 자신이 살아 있음으로 인해 이 세상에서 하나님의 이름이 높아지는 것입니다. 하나님의 뜻이 이루어지는 것을 기뻐하며 이미 창조된 세계 안에서 다시 창조될 세계의 아름다움을 바라보며 가슴이 뛰는 사람, 그가 바로 신자입니다. 그는 그리스도의 몸인 교회의 지체입니다.

> **Study Guide**

내용 이해를 위한 토의

1. 교회의 사명을 위해서 교회는 확장되어야 하는데, 교회의 확장은 무엇을 의미합니까?

2. 신자는 사랑 안에서 자라가야 합니다.
   - 신자의 사랑이 정화된다는 것은 무엇을 말하며, 정화되어야 하는 이유는 무엇입니까?
   - 신자의 사랑의 풍성함이란 무엇이며, 풍성함으로 누리는 유익은 무엇입니까?

3. 신자는 온 마음으로 하나님과 사람들을 사랑해야 합니다.
   - 하나님을 향한 신자의 사랑은 어떻게 나타납니까?
   - 사람들을 향한 신자의 사랑은 어떻게 나타납니까?
     - 진정한 의미의 용서란 무엇이며, 그때 필요한 것은 무엇입니까?
     - 신자가 하나님께 받은 것을 다른 사람들과 나누는 이유는 무엇입니까?

4. 신자가 사랑의 사람이 되어야 하는 이유는 무엇입니까?

적용과 실천을 위한 나눔

1. 나눔은 한 사람이 다른 사람을 사랑한다는 것을 드러냅니다. 이 나눔은 물질적인 것이든 눈에 보이지 않는 어떠한 재능이나 정신적인 것이든 모든 것에 해당합니다. 우리는 우리의 것을 나누는 데 인색하지는 않았는지 돌아봅시다.

2. 신자는 사랑의 사람입니다. 자신의 신앙에 그리스도를 향한 사랑이 꾸준히 성장한 경험이 있는지 돌아보고, 어떻게 해야 '내 구주 예수를 날마다 더욱 사랑'하는 삶을 살 수 있을지 생각해봅시다.

책을 닫으며

주의 장막이 어찌 그리 사랑스러운지요

하나님과의 만남이 있기에

하나님께서는 인간뿐만 아니라 모든 만물의 복의 근원이십니다. 그래서 모든 피조물은 하나님과 올바른 관계를 맺고 있을 때 행복할 수 있습니다. 완전한 만족, 완전한 기쁨이 하나님께서 주의 뜰에 살게 하신 사람에게 있습니다. 시인은 이렇게 말합니다.

"주께서 택하시고 가까이 오게 하사 주의 뜰에 살게 하신 사람은 복이 있나이다 우리가 주의 집 곧 주의 성전의 아름다움으로 만족하리이다"(시 65:4).

다윗이 이 시를 쓸 때 "주의 뜰"은 성전을 염두에 둔 것이었습니다. 다윗의 시대에 성전은 고정된 건물이 아니었습니다. 하나님께서 시내산에서 계시해준 바로 그 성막(聖幕)이었습니다. 언제든지 이스라엘 백성의 행진을 따라 이동할 수 있는 천막형 성전이었습니다. 그 안에 각종 보석은 있었지만, 겉모습은 결코 화려하거나 웅장하지 않았습니다.

해달(海獺, 족제빗과의 바다정승)의 가죽으로 만든 붉과 18평 정도의 작은 천막으로, 오랫동안 비를 맞고 햇빛에 찌들어 거무튀튀했을 것입니다 (출 25:5, 36:16).

그곳에서 무슨 일이 일어나고 있었습니까? 성막에 나오는 사람들의 최고 관심사는 하나님께 드리는 제사였습니다. 그곳에는 이스라엘 백성의 속죄의 제사가 있었고(출 29:36, 30:10), 주님을 사랑하는 마음으로 스스로 자기를 묶어 바치는 헌신의 제사가 있었습니다(민 15:3, 29:39). 그리고 바로 거기에 하나님의 임재가 있었습니다. 초라한 성막 위에 임하시는 하나님이 계셨기 때문에 그 집은 특별한 곳이 되었습니다.

하나님께서는 우리를 불러 그리스도 안에서 자녀 삼아 주셨습니다. 그리스도의 몸에 접붙여 눈에 보이는 지역 교회 안에서 살아가게 하셨습니다. 눈에 보이는 지역의 한 교회에서 보편 교회의 정신을 따라 살아가는 사람으로 부르셨습니다.

눈에 보이는 교회는 지하실일 수도 있고, 허름한 건물일 수도 있습니다. 그렇지만 교회가 아름다운 것은 겉모양 때문이 아닙니다. 그 교회 안에 있는 것, 교회 안에서 일어나는 하나님의 일들, 그 교회와 관계를 맺고 계시는 하나님 때문에 교회는 아름답습니다(시 65:4).

우리는 이곳에서 회심을 경험했습니다. 주님을 만났던 눈물의 자리도 여기에 있습니다. 험한 세상을 이길 수 있는 한없는 은혜를 공급받았으며, 죄로 인해 막혔던 하나님과의 관계가 회개의 눈물과 용서의 은혜로 회복되었습니다. 우리는 이곳에서 주님이 누구신지를 배웠고, 믿음의 지체들과 함께 하나님의 통치를 기다렸습니다. 그곳에서 우리를 대신해 복음을 전할 선교사들을 세웠고, 기도와 헌신으로 그들을 도왔습니다. 우리의 자녀가 그곳에서 하나님을 아는 지식으로 자라났고, 사랑하는 사람들을 다시 만날 소망 가운데 죽음 저편으로 떠나보내기도 했습니다. 우리의 작은 섬김을 통해 귀하신 주님의 이름이 높아지는 것을 본 곳도 바로 그곳, 우리의 작은 교회였습니다.

만약 우리에게 교회가 없었다면, 지체와의 교제가 없었다면, 우리를 이끌어주는 목회자의 섬김이 없었다면 우리는 오래전에 이 험한 세상에 엎드려졌을 것입니다. 교회가 있었기에 마라와 같은 쓴 물을 머금어야 하는 인생길에서도 주님을 찬송할 수 있었습니다. 쓰러졌던 그 자리에서 다시 일어설 수 있었습니다(출 15:23). 죽음이 우리를 삼키려고 올 때에도 죽음 너머에 있는 하나님과의 친교를 소망하며 담대할 수 있었습니다(행 4:31).

잠시 거하는 곳에서 본향을 사모함

지상의 교회는 우리가 영원히 거할 곳이 아닙니다. 그래서 다윗은 '살다'에 '일시적인 거주'를 의미하는 단어를 사용했습니다(시 17:14, 104:33). 이는 성도가 하나님의 집에 거하는 것이 어떠한 것임을 보여줍니다. 눈에 보이는 교회가 얼마나 영광스럽습니까? 그렇지만 그것은 하늘 집의 모형일 뿐입니다.

지상에서의 하나님과의 친교는 더없이 소중하지만 하나님 나라에서 주님과 함께 누리게 될 무한하고 완전한 복에 비하면 맛보기에 불과합니다. 이곳에서 경험한 용서를 통한 관계의 회복은 그곳에서 영원히 누리게 될 하나님과의 영광스런 교제의 그림자이며, 함께 하나님을 알아가던 성도들과의 교제는 하나님의 나라에서 맛볼 완전한 성도 간의 교통의 그림자일 뿐입니다.

우리는 눈에 보이는 교회 안에서 하나님 나라에서 누리게 될 영원한 행복을 미리 맛봅니다. 그래서 주님을 사랑하는 사람들은 이 땅에 있는 교회를 사랑하지만, 교회 너머에 있는 영원하고 완전한 하늘 교회를 사모합니다. 이 땅에서 하나님과의 교제를 맛보면 맛볼수록 하늘에서 보낼 날에 대한 사모함은 더욱 깊어집니다. 믿음의 선조들이 스스로를 본향을 찾는 자라고 말했던 이유도 여기에 있습니다(히 11:16).

이러한 사람들은 얼마나 아름답습니까? 그는 잠시 거하는 이 세상에서, 주님께서 맡겨주신 자리에서 모든 힘을 다해 살아갑니다. 그러나 이 땅에 있는 것들이 자신에게 영원한 만족을 줄 수 있을 것이라고 생각하지 않습니다. 오히려 주님과의 교제를 방해하는 모든 것들이 사라지는 그날을 기다립니다. "내 백성이 되고, 나는 너희 하나님이 되리라"(겔 36:28)는 옛 언약이 예수 그리스도 안에서 완전히 성취될 그날을 사모하며, 인생의 목적을 하나님을 더욱 사랑하는 것에 맞추고 살아갑니다. 아버지 눈에 그러한 자녀들은 얼마나 사랑스러울까요?

참고문헌

이 책을 쓰는 데 직접적으로 도움을 받았던 책들의 목록이다. 아래의 책들을 참고하였다고 해도 이 책에서 인용문으로 명시한 것을 제외하고는 대부분이 나 자신 안에서 소화되어 자기화된 것이다. 이외에도 일일이 기억을 더듬어 찾아내지 못한 것들이 있을 수 있음을 밝혀 둔다.

성경주석 및 사전

- Bauer, Walter., Frederick W. Danker, W. F. Arndt, F. W. Gingrich, eds. *A Greek-English Lexicon of the New Testament and Other Early Christian Literature*, 3rd ed. (Chicago: University of Chicago Press, 2000).
- Brown, Francis., Samuel Rolles Driver, Charles Augustus Briggs. *The Brown-Driver-Briggs Hebrew and English Lexicon with an appendix containing the Biblical Aramaic* (Peabody: Hendrickson Publishers, 2003).
- Dunn, James D. G. *Romans 1-8*, in *Word Biblical Commentary*, vol. 38A (Dallas: Word Books Publisher, 1988).
- Moo, Douglas J. *The Epistle to the Romans*, in *The New International Commentary on the New Testament* (Grand Rapids: Wm. B. Eerdmans Publishing Company, 1996).
- Schreiner, Thomas R. *Romans*, in *Baker Exegetical Commentary on the New Testament*, vol. 6 (Grand Rapids: Baker Academic, 2003).

국외 단행본, 번역본

- Aquinas, Thomas. *Summa Theologiae*, vol. 19: The Emotions (Ia2ae. 22-30), ed. Eric D'Arcy (Cambridge: Cambridge University Press, 2006).
- Aquinas, Thomas. *Summa Theologiae*, vol. 34: Charity (IIa2ae. 23-33), ed. R. J. Batten (Cambridge: Cambridge University Press, 2006).
- Aristotle. *Nicomachean Ethics*, trans. Roger Crisp (Cambridge: Cambridge University Press, 2016).

- Augustine. *The Works of Saint Augustine*, vol. III/6: Sermons (184-229Z) on the Liturgical Seasons (New York: New City Press, 1993).
- Augustine. *The Works of Saint Augustine*, vol. III/10: Sermons (341-400) (New York: New City Press, 1995).
- Augustini, Aurelii. *De Genesi ad Litteram*, in *Patrologia Latina, Curcus Completus*, vol. 34, ed. J. P. Migne (Paris: Imprimerie Catholique, 1845).
- Augustini, Aurelii. *Sermones*, in *Patrologia Latina, Curcus Completus*, vol. 39, ed. J. P. Migne (Paris: Imprimerie Catholique, 1845).
- Avgvstinvs, Avrelivs. *De Civitate Dei*, in *Corpvs Christianorvm Series Latina XLVII: Avrelii Avgvstini Opera*, Pars XIV, 1 (Tvrnholti: Typographi Brepols Editores Pontificii, 1955).
- Avgvstinvs, Avrelivs. *De Civitate Dei*, in *Corpvs Christianorvm Series Latina XLVIII: Avrelii Avgvstini Opera*, Pars XIV, 2 (Tvrnholti: Typographi Brepols Editores Pontificii, 1955).
- Avgvstinvs, Avrelivs. *De vera Religione*, in *Corpvs Christianorvm Series Latina XXXII: Avrelii Avgvstini Opera*, Pars IV, 1 (Tvrnholti: Typographi Brepols Editores Pontificii, 1962).
- Avgvstinvs, Avrelivs. *De Trinitate*, in *Corpvs Christianorvm Series Latina L: Avrelii Avgvstini Opera*, Pars XVI, 1 (Tvrnholti: Typographi Brepols Editores Pontificii, 1968).
- Avgvstinvs, Avrelivs. *De Trinitate*, in *Corpvs Christianorvm Series Latina La: Avrelii Avgvstini Opera*, Pars XVI, 2 (Tvrnholti: Typographi Brepols Editores Pontificii, 1968).
- Avgvstinvs, Avrelivs. *De Catechizandis Rvdibvs*, in *Corpvs Christianorvm Series Latina XLVI: Avrelii Avgvstini Opera*, Pars XIII, 2 (Tvrnholti: Typographi Brepols Editores Pontificii, 1969).
- Avgvstinvs, Avrelivs. *In Iohannis Evangelivm Tractatvs*, in *Corpvs Christianorvm Series Latina XXXVI: Avrelii Avgvstini Opera*, Pars VIII (Tvrnholti: Typographi Brepols Editores Pontificii, 1990).
- Avgvstinvs, Avrelivs. *Confessiones*, in *Corpvs Christianorvm Series Latina XXVII: Avrelii Avgvstini Opera* (Tvrnholti: Typographi Brepols Editores Pontificii, 1996).
- Avgvstinvs, Avrelivs. *De Doctrina Christiana*, in *Corpvs Christianorvm Series Latina*

XXXII: Avrelii Avgustini Opera, Pars IV, 1 (Tvrnholti: Typographi Brepols Editores Pontificii, 1996).
- Berkhof, Louis. *Systematic Theology* (Grand Rapids: Wm. B. Eerdmans Publishing Company, 1996).
- Bernard of Clairvaux. *Sermones de Diversis*, in *Patrologia Latina, Curcus Completus*, vol. 183, ed. J. P. Migne (Paris: Imprimerie Catholique, 1862).
- Edwards, Jonathan. "God Glorified in Man's Dependence," in *The Works of Jonathan Edwards*, vol. 17: Sermons and Discourses, 1730–1733, ed. Mark Valeri (New Haven: Yale University Press, 1999).
- Edwards, Jonathan. "The Importance and Advantage of a Thorough Knowledge of Divine Truth," in *The Works of Jonathan Edwards*, vol. 22: Sermons and Discourses 1739–1742, ed. Harry S. Stout (New Haven: Yale University Press, 2003).
- Franz, Egon. *Totus Christus: Studien über Christus und die Kirche bei Augustin* (Bonn: n.p., 1956).
- Gerstner, John H. *Jonathan Edwards on Heaven and Hell* (Morgan: Soli Deo Gloria, 1998).
- Hoekema, Anthony A. *Created in God's Image* (Grand Rapids: Wm. B. Eerdmans Publishing Company, 1994).
- LaCugna, Catherine Mowry. *God for us: The Trinity and Christian Life* (New York: HarperOne, 1993).
- Locke, John. *An Essay concerning Human Understanding* (Oxford: Clarendon Press, 1979).
- Mastricht, Peter van. *A Treatise on Regeneration*, ed. Brandon Withrow (Morgan: Soli Deo Gloria Publications, 2002).
- Mersch, Emile. *The Whole Christ: The Historical Development of the Doctrine of the Mystical Body in Scripture and Tradition*, trans. John R. Kelly (Eugene: Wipf & Stock Publisher, 2011).
- Muller, Richard A. *Post-Reformation Reformed Dogmatics: The Rise and Development of Reformed Orthodoxy, ca. 1520 to ca. 1725*, vol. 3 (Grand Rapids: Baker Academic, 2003).
- Owen, John. *Of the Mortification of sin in Believers*, in *The Works of John Owen*, vol. 6, ed. William H. Goold (Edinburgh: The Banner of Truth Trust, 1991).

- Perkins, William. *A Golden Chaine* (London: printed by Iohn Legatt, dwelling in little-wood-streete, 1621).
- Polanus, Amandus. *The Substance of Christian Religion* (London: R. F. for John Oxenbridge dwelling in Paules churchyard, at the signe of the Parrot, 1597).
- Rehnman, Sebastian. "The Doctrine of God: A Semantical Analysis," in *A Companion to Reformed Orthodoxy*, ed. Herman J. Selderhuis (Leiden: Brill, 2013).
- Tertullian. "On Repentance," in *The Ante-Nicene Fathers*, vol. 3, trans. Thelwall (Grand Rapids: Wm. B. Eerdmans Publishing, 1986).
- Tertullianus. *De Poenitentia*, in *Patrologia Latina, Curcus Completus*, vol. 1, ed. J. P. Migne (Paris: Imprimerie Catholique, 1844).
- Turretin, Francis. *Institutes of Elenctic Theology*, vol. 1, trans. George Musgrave Giger (Phillipsburg: P&R Publishing, 1992).
- Vanhoozer, Kevin J. *The Drama of Doctrine: A Canonical-Linguistic Approach to Christian Theology* (Louisville: Westminster John Knox Press, 2005).
- Vermigli, Peter Martyr. *Loci Communes* (London: Excudebat Thomas Vautrollerius, 1583).
- Vermigli, Peter Martyr. *The Peter Martyr Library*, vol. 5: Life, Letters, and Sermons, ed. John Patrick Donnelly (Kirksville: Thomas Jefferson University Press, 1999).

국내 단행본, 번역본
- 김남준. 『자기깨어짐』(서울: 생명의말씀사, 2006).
- 김남준. 『하나님의 도덕적 통치』(서울: 생명의말씀사, 2007).
- 김남준. 『구원과 하나님의 계획』(서울: 생명의말씀사, 2014).
- 김남준. 『교회와 그리스도의 남은 고난』(서울: 생명의말씀사, 2015).
- 김남준. 『하나님의 형상과 그리스도와의 연합』(안양: 열린교회출판부, 2017).
- 서철원. 『인간, 하나님의 형상』(서울: 총신대학교출판부, 2007).
- 아우구스티누스. 『신국론(제11-18권)』, 성염 역 (왜관: 분도출판사, 2004).
- 알리기에리, 단테. 『신곡』, 정노영 역 (서울: 홍신문화사, 2009).

교회를 통해 이루실 하나님의 경륜
교회와 하나님의 사랑

초판 발행 2019년 4월 10일
초판 4 쇄 2019년 11월 20일

지은이 김남준
발행인 최우식
발 행 익투스

기획 박상범 **편집책임** 김귀분
마케팅 팀장 김경환 **마케팅** 박경헌
마케팅지원 주정중, 박찬영
행정·경영지원 현지혜
편집·제작 서우석 **홍보·교정** 홍주애
교열 김우정 **외부교정** 송지수

표지및내지 디자인 생기

주소 서울시 강남구 영동대로 330
전화 (02)559-5655~6 **팩스** (02)564-0782
홈페이지 www.holyonebook.com
출판등록 제2005-000296호

ISBN 979-11-86783-19-1 03230

ⓒ2019, 익투스
※잘못된 책은 바꾸어 드립니다.

익투스는 예수그리스도와 그분의 복음을
ΙΧΘΥΣ 사랑하는 모든 사람과 함께합니다